Werner Glenewinkel

Enkel sind
das Dessert des Lebens.

„Enkel sind das Dessert des Lebens ist eine wundervolle Liebeserklärung des Autors an seine Enkelkinder – eigentlich an alle Enkelkinder, die das Gespräch mit den Großeltern pflegen. Die Enkelkinder werden in diesen Gesprächen nicht nur ernst genommen, sondern zeigen sich als neugierige, schlagfertige und kluge Gesprächspartner.

Diese Gespräche zwischen den Generationen sind der rote Faden, der sich in Form von Opa-Enkel-Dialogen durch das ganze Buch zieht. Die Themen reichen von den täglichen Dingen, die den Alltag der Großeltern-Generation bestimmt haben, für die Enkel aber zum Teil völlig unbekannt sind. Es geht auch um Familiengeschichten und Kindheitserfahrungen – die der Alten verglichen mit denen der Jungen. Ein Kapitel widmet sich den Erinnerungen des Großvaters als Zeitzeuge. Hier wird interessierten Enkelkindern eine Zeitreise durch die Geschichte der Bundesrepublik Deutschland geboten – aus dem Blickwinkel eines Zeitzeugen.

Im Gewand von Alltagsdialogen werden ernste Fragen zu Gott und die Welt, zu Schuld und Verantwortung thematisiert. Das Thema „Generationengerechtigkeit" führt zu einem wichtigen Schnittpunkt des Lebens von Großeltern und Enkeln: Die einen haben gut gelebt und die anderen fragen, wie sie überleben können. Angesichts der Klimakrise fragen die Enkel diese Großeltern-Generation – seid ihr überhaupt „enkeltauglich"? Unvermittelt gibt es eine wichtige Verbindungen zwischen den Generationen durch eine unerwartete Gemeinsamkeit namens „Tippex".

Im letzten Kapitel sind die an den Gesprächen beteiligten Enkel schon ordentlich gewachsen und selbstbewusste Jugendliche. Sie nehmen die Sorgen der Alten wohlwollend zur Kenntnis und zeigen, dass sie von ihrem Leben sehr eigene und klare Vorstellungen haben und auch umsetzen wollen.

In jedem Kapitel werden alle Beteiligten von der alten Standuhr begleitet – dem unerbittlichen Bild für das Vergehen der Zeit."

Werner Glenewinkel

Enkel sind das Dessert des Lebens.

Gespräche zwischen den Generationen: Opa-Enkel-Dialoge.

tredition

© 2021 Werner Glenewinkel

Gestaltung: Volker Abendroth, abendroth Kommunikation
Illustration Genogramm Seite 56: Werner Glenewinkel
Schriften: Ginkgo LT Pro von Alex Rütten, 2008,
FF Meta von Erik Spiekermann, 1991

Verlag & Druck: tredition GmbH,
Halenreie 40–44, 22359 Hamburg
ISBN
Paperback: 978-3-347-31972-1
e-Book: 978-3-347-31973-8

**Bibliografische Information der
Deutschen Nationalbibliothek:**
Die Deutsche Nationalbibliothek verzeichnet diese Publikation in der Deutschen Nationalbibliografie; detaillierte bibliografische Daten sind im Internet über http://dnb.d-nb.de abrufbar.

Inhalt

Enkel sind das Dessert des Lebens

Kapitel I

Wie die Geschichte anfängt.

OPA, was machst du da?

> Das siehst du doch. Ich fange an zu schreiben.

Mit Tinte und Papier?

> Wenn mir etwas sehr wichtig ist, schreibe ich gerne mit einem Füllfederhalter auf Papier.

Was ist dir denn jetzt so wichtig?

> Meine Enkelkinder!

Ich?

> Ja, du auch, alle Enkelkinder.

Warum?

> Weil, ähm, weil … Darüber denke ich ja gerade nach.

Was denkst du denn jetzt beim Nachdenken?

> Wie ich das am besten formulieren soll.

Was denn formulieren?

> Den abschließenden Brief an euch Enkelkinder.

Was für einen Brief …?

> Sag mal, warum bist du überhaupt hier, heute morgen.
> Du müsstest doch längst in der Schule sein.

Homeschooling!

> Wie bitte?

Opa, nun stell dich bitte nicht so …

> Ja, ich weiß, aber hatte die Regierung nicht gerade entschieden …

… die Schulen zu öffnen, ja, das war vorige Woche.

> Und heute?

Fängt der Wechselunterricht an: Diese Woche Distanz-, nächste Woche Präsenz-Unterricht.

> Deshalb bist du zu Hause, verstehe. Und wo sind deine

Eltern?

Wo wohl? Arbeiten!

Hatten die nicht …

Homeoffice geht zur Zeit nicht.

Und dein Bruder?

Kita.

Kita?

Ja, in der sogenannten Notversorgung.

Und Oma?

Die ist gerade zum Einkaufen gegangen.

Dann kannst du ja jetzt deine Hausaufgaben machen.

Habe ich schon längst.

Dann kannst du die Geschichte von gestern …

Opa, du hast mir gestern fest versprochen …

Was ich versprochen habe, muss ich wohl auch halten.

Dann brauchst du ja auch nicht länger zu versuchen, Zeit zu gewinnen.

O. K. ich komme schon!

Wie und warum Enkel zum Dessert des Lebens werden.

„Großeltern sein ist definitiv das schönere Elternsein". Sagt Uli Stein, ein Karikaturist der Großeltern-Generation, in seinem 2018 veröffentlichten Büchlein „Enkelkinder. Viel Spaß". Von dem Spaß später mehr. (Leider ist Uli Stein überraschend dieses Jahr gestorben. Wir werden also keine weiteren Enkelkinder-Späße von ihm erhalten). Es enthält eine Fülle von witzigen Zeichnungen über das Verhältnis der Generationen. Im Klappentext heißt es dann weiter: „Weniger Pflicht und viel mehr Kür."

GROSSELTERN UND ENKEL

Erst die Enkelkinder machen uns zu Großeltern. Damit wird klar, die Kinder der Kinder sind ein Geschenk. Weil man – so sehr man sich auch Enkelkinder wünscht – auf die Erfüllung dieses Wunsches als Großeltern keinen Einfluss hat. Auf einer Hauswand „Im Viertel" in Bremen gibt es ein eindrucksvolles Wandgemälde: In einem geöffneten Fenster lehnen ein Opa und eine Oma nebeneinander auf der Fensterbank und schauen freundlich auf das Geschehen unter ihnen. In Ihren Blicken kann man erahnen, dass sie auch ihren Erinnerungen nachhängen.

Möglicherweise denken die beiden im Fenster über sich als Großeltern nach, wenn sie denn Enkelkinder haben. Möglicherweise denken sie auch, dass die Großeltern des 21. Jahrhunderts nicht mehr mit den Großeltern des 20. Jahrhunderts zu vergleichen sind; dass sich viel verändert hat.

Darüber komme ich ins Nachdenken: Welche Erinnerungen habe ich eigentlich noch an meine Großeltern? Es gab zwei Großmütter, die Großväter waren schon vor dem Krieg gestorben. Wie sahen unsere Großmütter aus? Welche Bilder haben sich festgesetzt? Es gab eine klare Unterscheidung: die eine Großmutter war die OMA und die andere die OMI. Hatten wir beide gleich gerne? Wohnten sie in der Nähe oder gar im selben Haus? Oder konnte man sie nur in den Ferien besuchen? An was erinnere ich mich noch genau? An was gerne?

Für Veränderungen in den Beziehungen von Großeltern zu ihren Enkelkindern gibt es viele Anzeichen: In den rechtlichen Regelungen, im Verständnis von Familie, in der Gesellschaft ganz allgemein. Das spiegelt sich auch in den Medien wider. Seit einiger Zeit gibt es Zeitschriften für Großeltern: „OMA. Das Magazin für aktive Großeltern" heißt die eine. „Alles für meine Enkel & mich. Das Lifestyle-Magazin für moderne Großeltern" die andere. Beide schreiben darüber, was Großeltern tun können und sollen und wie das mit dem Großeltern-Sein gehen könnte. Mittlerweile gibt es im deutsch-sprachigen Raum einen Großeltern-Tag. Am zweiten Sonntag im Oktober, ließ Markus Söder verlauten, würdigen wir Oma und Opa. Familienzentren bieten bereits Babysitting-Kurse für Großeltern an: „In acht Stunden fit für das Enkelkind".

Somit könnten diese „modernen" Großeltern auch ein Geschenk für ihre Kinder sein. Vitaler und flexibler als unsere eigene Großelterngeneration werden sie in Zeiten von zwei berufstätigen Eltern auch gefordert – und wollen und können mehr für Enkelkinder da sein. Die Fotografien meiner Großmütter zeigen fast immer schwarz gekleidete Frauen, in der Regel mit Handschuhen und Hut, bereit für einen Sonntagsspaziergang.

Opas und Omas haben verständlicherweise mehr Zeit und mehr Geduld als die Eltern. Ein Abholen von der Kita kann da auch mal 1½ Stunden dauern, weil auf jedem Mäuerchen balanciert wird, alle roten Autos gezählt werden und das Enkelkind das Tempo bestimmen darf.

Allerdings gibt es Menschen aus meiner Generation die – aus welchen Gründen auch immer – keine Kinder und somit keine eigenen Enkel haben. Für diejenigen, die dennoch die Großeltern-Rolle erleben möchten, gibt es eine Lösung: Man kann Paten-Oma oder Paten-Opa werden. Der Bedarf ist groß, aber die Großeltern-Rolle will gelernt sein und das gelingt nur durch eigene Erfahrungen. In dem Film „Enkel für Anfänger" sind es die Paten-Enkel-Kinder, die den Großeltern nicht nur beibringen, was Enkel brauchen und können und wollen, sondern auch in den Begegnungen zwischen den Generationen den Alten helfen, eigene blinde Flecken zu entdecken und zu beleuchten. Das wird so witzig und humorvoll und märchenhaft überspitzt erzählt, dass auch die Paten-Großeltern verstehen werden, warum Enkel das Dessert des Lebens sein können.

DESSERT DES LEBENS

Für die meisten Großeltern (abgesehen von den jüngeren und ganz jungen Großeltern) ist die „Hauptmahlzeit des Lebens", also insbesondere das Arbeitsleben, die Kindererziehung, das Sesshaftwerden, das Finden einer Rolle in der Gemeinschaft abgeschlossen. Jetzt ist Zeit für die Großelternrolle und die Freude an den Enkelkindern:

Die einem am Bahnhof bei einem Besuch über den ganzen Bahnsteig in die offenen Arme laufen und vielleicht beim Abschied zu ihren Eltern sagen: „Ich habe gedenkt, dass es bei Oma und Opa nicht so schön ist, aber es war doch ganz schön …"

Dazu tragen die gemeinsamen Beschäftigungen bei: „Opa, was sollen wir mal basteln?" Uli Stein illustriert das unter der Überschrift „Basteln mit den Enkeln!" durch ein Foto, auf dem eine Kinderhand aus Ton eine Leiter formt. Kommentar: „Wir basteln eine Tonleiter".

Auch die vielen Geschichten, in denen man Spaß hat und Quatsch macht: Toben und (Krach-)Musik machen und Piratenschiff spielen und (Vor-)lesen und …

Das gemeinsame Fernsehgucken gehört dazu – nicht mehr „Die Sesamstraße", aber immer noch die „Sach- und Lachgeschichten" mit der Maus und dem Elefanten und (vielleicht als Kontrastprogramm) Videos von der Augsburger Puppenkiste wie „Die Katze mit Hut".

Gänge durch den Wald mit Entdeckungen für Stadtkinder und unvergessenen Erlebnissen: „Wisst ihr noch, wie wir damals alle drei im Teutoburger-Wald in die Brennnesseln gefallen sind?" Danach gab es Salbe und heißen Kakao.

Es gibt auch Sachen, die kann man nur bei den Großeltern ausprobieren, weil es dort einen Kaminofen gibt: Das Feuer im Kamin anzünden. Ein besonders langes Streichholz mit Hilfe anreißen, die Schrecksekunde über das plötzliche Aufflammen überstehen, das Streichholz in den Ofen werfen und den Flammen zusehen; Luft hinzugeben, damit sie sich in die Holzscheite fressen. Die Ofenklappe aufmachen, mit einem extra Handschuh, die entgegenkommende Hitze aushalten, ein neues Scheit Holz hineinwerfen, stolz sein!

Es ist der „Enkel-Kindermund" mit seiner kindlichen Unbefangenheit, der fasziniert, wenn er frank und frei fragt: „Opa, warum hast du so gelbe Zähne?" Oder: „Opa, warum hast du Haare in den Ohren?" Und die kindliche Direktheit (die leider viel zu schnell verloren geht): „Oma, jetzt weiß ich, wo du kitzlig bist."

Die Kinder-Logik findet immer wieder neue Ausdrucksformen, wenn z. B. am Ende einer Wanderung oben auf dem Gipfel die Erwachsenen schwärmen: „Schau doch mal, wie schön, da unten, unser Dorf!" und die Antwort lautet: „Warum sind wir nicht da unten geblieben, wenn es da so schön ist?"

Eine große Freude sind die anscheinend naiven und in Wahrheit sehr klugen Fragen wie: „Opa, gibt es auch einen Links-Staat?" Und „Opa, wer hat eigentlich die Welt gemacht?" Oder „Opa, was ist hinter dem Himmel?" Fragen, auf die es oft genug keine passende, die kindliche Neugier zufriedenstellende Antwort gibt.

Das Dessert, eine Nachspeise oder Nachtisch, sagt der DUDEN und gibt dem Wort die „Worthäufigkeitsklasse" zwei. Damit gehört es zu den 100 000 häufigsten Worten. Die Worthäufigkeit wird rein technisch über einen Algorithmus ermittelt. Sie entspricht nicht der Bekanntheit eines Wortes. Das Wort *Dessert* wurde vor weit über 200 Jahren dem französischen Wort „dessert" entlehnt. Der „Nachtisch" folgte der abgeschlossenen Hauptmahlzeit erst dann, wenn die Speisen „abgetragen" waren. Das passt gut zu meinem Dessert-Gefühl: Denn wie beim Dessert, das eine gute Mahlzeit beendet, dürfen und müssen (und ehrlich gesagt wollen) die Großeltern die Enkelkinder nach einer gewissen Zeit wieder in die Obhut der Eltern zurückgeben. Ja, Enkel erinnern an das eigene Elternsein und an die eigenen

Kinder – freudig oder schmerzlich oder beides oder etwas dazwischen – und gleichzeitig entsteht etwas Neues.

Dabei gerate ich unversehens in meine Kinderzeit. Seit meine beiden Eltern gestorben sind, fallen mir immer mal wieder Fragen ein, die mich beschäftigen. Fragen wie: Warum konnten sie mitten im Krieg heiraten? Woher nahmen sie den Mut, die Hoffnung? Vielleicht haben sie geheiratet, weil meine Mutter mit mir schwanger war. Ich weiß nicht, was ihre Hoffnung auf bessere Zeiten gestärkt hat. Die Fragen bleiben unbeantwortet. Zu ihren Lebzeiten hatte ich alles andere im Kopf und um die Ohren, als meinen Eltern solche Fragen zu stellen. Es ging auch wenig Initiative von ihnen aus, mich zu Fragen zu ihrem Leben zu animieren. Wenn es einmal vorkam, dann waren es Kriegsereignisse, die ich nicht hören wollte – damals. Ich hätte fragen sollen, damals – jetzt ist es zu spät und ich habe den rechten Zeitpunkt verpasst.

Enkel sind das Dessert des Lebens aus der Sicht von Großeltern. Meistens jedenfalls. Allerdings wäre es naiv zu meinen, dass ein Dessert immer nur lecker und süß und bekömmlich zu sein hätte. Denn mit Enkeln kann auch Leid verbunden sein: Sei es durch Krankheit oder Unfälle oder andere traurige Ereignisse. Leid für die Großeltern oder die Enkelkinder oder die Eltern oder für alle. Wer findet, dass das Leben sehr wohl mit einer Baustelle zu vergleichen sei, weiß, wie schnell und unerwartet und oftmals unvorhersehbar überraschend Veränderungen eintreten können. Die Großeltern wissen, dass hinter dem fröhlichen Enkel-Kinder-Leben schon der sogenannte „Ernst des Lebens" wartet. Mit den Enkel-Kindern über die eigenen Erfahrungen des Lebens zu sprechen, ihnen davon zu erzählen und sie mit zeitgeschichtlichen Veränderungen zu konfrontieren – passt das noch zu der Freude am „Dessert des Lebens"? Ja, wenn man davon ausgeht, dass die Neugier der Enkel-Kinder die Themen (mit-)bestimmt und die Großeltern ihre Sicht auf die Welt weitergeben wollen. Nicht nur aus diesem Grund ist dieses „Dessert des Lebens" fragil und auch nicht unbegrenzt haltbar, sondern endlich. Es hat seine Zeit. Die geht meistens bis zum Ende der Schulzeit der Enkelkinder. Denn das Dessert – der Nachtisch – beendet die Hauptmahlzeit und markiert das nahende Ende des gemeinsamen Essens. So ungefähr ist das – um im Bild zu bleiben – mit den Enkelkindern auch: Das Genießen des Desserts beginnt mit der Geburt der Enkelkinder und nähert sich von da an einem unbestimmten Ende. Das kommt in der Regel dann, wenn mit dem Ende der Schulzeit auch die Ablösung vom Elternhaus beginnt. Der Einstieg in die Berufsausbildung – meist verbunden mit dem Auszug – ist ein wichtiger Übergang. Dann ist regelmäßig auch die klassische Großelternrolle als Mittler zwischen den Generationen beendet. Mit den größer und erwachsen werdenden Enkelkindern kann eine neue Form des Kontakts beginnen – ein Kontakt auf Augenhöhe. Voraussetzung ist, dass das Leben der Enkel dafür Raum und Zeit lässt – und bei den Großeltern der Tod nicht dazwischen funkt.

GESPRÄCHE ZWISCHEN DEN GENERATIONEN

Als Opa bin ich für die Enkelkinder eine Person aus einer anderen, fremden Welt. Deshalb geben die Enkelkinder Großeltern die Möglichkeit, das eigene Leben zu rekapitulieren und zu erzählen – ohne das müde Lächeln der eigenen Kinder, die die Geschichten schon zig mal haben hören müssen. Vielleicht ist das der Grund, dass Gespräche zwischen Enkelkindern und Großeltern gut gelingen können – es liegt eine Generation zwischen ihnen. Die Gespräche sind nicht belastet von Erinnerungen, die so sehr unterschiedlich sein können: Die Erinnerungen der Kinder an frühere Ereignisse können negativ getrübt sein, was den Eltern gar nicht bewusst war. Gleichwohl sind die eigenen Kinder – als Eltern der Enkel – bei diesen Gesprächen mehr oder weniger präsent.

Das Aufschreiben der Gespräche zwischen den Generationen ist deshalb vor allem eine Liebeserklärung an die Enkel. Aber auch – bewusst und un-bewusst – eine Botschaft an die eigenen Kinder, die Enkel-Eltern ihren Vater in der Großvater-Rolle neu zu entdecken und besser kennen zu lernen. Gleiches würde natürlich auch für die Großmütter-Geschichten zutreffen.

Unversehens gerate ich in meine eigene, frühere Enkelrolle. Ich habe meine beiden Großväter nie kennengelernt. In den Geschichten, die in unserer Familie erzählt wurden, kamen die Großväter kaum vor. Ich kann mich nicht erinnern, dass ich an einen Blick zurück wirklich interessiert gewesen wäre. Entsprechende Fragen an die Großmütter „Wie war das zu eurer Zeit? Was war anders als heute? Welche Unterschiede ergaben sich?" habe ich selten gestellt. Mein Blick richtete sich vornehmlich nach vorne, in die ungewisse Zukunft. Ich erinnere mich jedoch deutlich an meine Großmutter. Die hatte eine klare Vorstellung von dem Miteinander der Generationen, vom Blick nach hinten, der Bedeutung des Heute und den Wünschen für die Zukunft. In solchen Situationen pflegte sie Gustav Mahler, dessen Musik sie sehr mochte, zu zitieren: „Tradition ist nicht die Anbetung der Asche, sondern die Weitergabe des Feuers." Damit meinte sie, sei alles gesagt. Übersetzt sollte das wohl heißen: Wenn ihr Jungen Tradition und Rituale nur als Asche seht, dann habt ihr das Feuer vergessen. Keine Asche ohne Feuer, und wer sagt denn, dass unter der Asche nichts mehr brennen kann. Es hat längere Zeit gedauert, bis ich mir diesen Oma-Satz wirklich zu eigen machen konnte. Als sie schon tot war, habe ich herausgefunden, dass dieser Satz von Jean Jaurès stammt, der 1910 im französischen Parlament in diesem Zusammenhang gesagt haben soll: " ... die richtige Art, die Vergangenheit zu betrachten, ist, das Werk der lebendigen Kräfte, die in der Vergangenheit gewirkt haben, in die Zukunft weiter zuführen." Das hätte meiner Oma gefallen und wahrscheinlich hätte sie gesagt, genau so habe ich Mahler immer verstanden.

Wäre das schön, wenn es in den Gesprächen zwischen den Generationen gelänge, die Erinnerungen und Erfahrungen aus der Vergangenheit für die Entwicklung der Enkelkinder-Generation fruchtbar zu machen. Gleichwohl sollten die Enkelkinder die Hauptrolle spielen, sie sind das Dessert, sie sind diejenigen, die die Geschichten inspiriert haben. Dazu lasse ich meine Phantasie spielen und erfinde Fragen, die die Enkel noch nicht gestellt haben, aber stellen könnten. Ich denke mir Geschichten aus, die auch von meinen Erinnerungen (samt den nicht gestellten Fragen an meine Eltern und Großeltern) leben. Sie sind also auto-fiktional. Zugleich macht das Alter meiner eigenen Enkelkinder von einem bis zehn Jahre deutlich, dass manches nur für deren Zukunft geschrieben sein kann.

Wenn allerdings Friday-For-Future-Aktive aus der Enkel-Generation diese Geschichten läsen, könnten sie feststellen, dass die Großeltern schon vor sehr ähnlichen grundsätzlichen Fragen gestanden haben: Basisdemokratie versus feste Entscheidungs- und Organisations-Strukturen? Außerparlamentarische, zivilgesellschaftliche Arbeit versus „Rein in die Parlamente"? Mitarbeit in Parteien versus Selbstorganisation?

Zugleich kann man mit diesen Geschichten auch die noch nicht geborenen Enkelkinder freudig und sorgenvoll im Blick haben. Das zeigt die Botschaft des Astronauten Gerst aus dem All (dazu Kapitel VI. An die zukünftigen Generationen).

Ermutigt von einer Geburtstagskarte meines ältesten Enkels, auf der ein bunt gestreiftes Zebra lauthals verkündet: „Sei immer du selbst. Andere gibt es schon genug!" übernehme ich die „Steuerung" der Geschichten. Sie zeigen meine Sicht auf die Welt, verdeutlichen meine Haltungen und betonen meine Interessengebiete. Ich wähle aus. Die sieben Kapitel dieses Buches sind wie Teile eines Puzzles mit zwei Besonderheiten: Zum einen bleibt das beabsichtigte Bild unfertig und lässt somit viele Fragen offen (*To puzzle* heißt im Englischen „verwirren"). Zum anderen geben die Geschichten, diese Puzzle-Teile eben, nicht *die*, sondern nur *eine* Wirklichkeit wider, eine

Wahrnehmung von unendlich vielen. Das Puzzle lässt noch genug Raum, nicht nur für die eigene Phantasie, sondern auch für andere Wahrnehmungen aus derselben Zeit. Genau das macht den Reiz von Geschichten aus, weil – wie Christoph Ransmayr zu Beginn seines Buch „Atlas eines alten Mannes" schreibt – Geschichten sich nicht ereignen, sondern erzählt werden. Das, was geschehe, könne auch von jemand anders ganz anders erzählt werden.

Der „Anfang der Geschichte" will die Enkelkinder als ein Dessert des Leben wertschätzen und zeigen, dass die Großelternrolle eine Geschenk sein kann. Und die gesellschaftlichen Veränderungen der letzten Jahrzehnte sprechen dafür, dass auch die heutigen Großeltern ein Geschenk sein können – für die Enkel und für deren Eltern (Kapitel I).

Dann geht es um das Staunen der Enkel über Dinge aus der Zeit der eigenen Eltern und vor allem der Großeltern. Von den meisten haben die Enkel noch nie gehört oder kennen sie nur aus Erzählungen. Ich habe einiges gesammelt. Das Zeigen und Erzählen ermöglicht ein Vergleichen von damals und heute wie von alleine. Die Unterschiedlichkeit öffnet den Weg zu der Generationenfrage „analog oder digital"? (Kapitel II).

Der Ort, an dem die unterschiedlichen Generationen am häufigsten und wie selbstverständlich zusammenkommen, ist die Familie im weiten Sinne. Jeder hat da seine Erfahrungen und kennt die Geschichten, die erzählt werden – Familiengeschichten eben. Sie zeigen, wer dazu gehört und wo jeder seinen Platz in der Familie findet. Und dass auch das Bild von Familie einem Wandel unterliegt (Kapitel III).

Als Kind versteht man schwerlich, dass alle Menschen einmal Kinder waren – Eltern und Großeltern und Ur-Großeltern. Die Bedeutung der Kindheit und ihre Veränderungen ergeben eine schier unendliche Geschichte. Beides wird hier aus Großelternperspektive zum Gesprächsthema: Als eine Überlebensfrage in vielerlei Hinsichten (Kapitel IV).

Geschichte besteht aus Geschichten, heißt es. Jeder erlebt seine Geschichte(n), die privaten und die öffentlichen, die kleinen und die großen. Zeitzeuge zu sein ist immer etwas Besonderes, vor allem, wenn man die eigenen Geschichten an die Nachgeborenen weitergeben kann. Die Fertigstellung dieses Buches im Jahr 2020 ist kein Zufall. 75 Jahre nach Ende des Zweiten Weltkriegs gibt es viele und gewichte Anlässe für das Erinnern und gegen das Vergessen (Kapitel V).

Alles hat seine Zeit. Jede Generation hat ihre Zeit. Sie hinterlässt Spuren, mit denen nachfolgende Generationen zu recht kommen müssen. Damit stellt sich – direkt oder versteckt – die Frage nach der Generationen-Gerechtigkeit. Was hinterlässt die alte Generation der jungen? Wer oder was könnte dafür verantwortlich gemacht werden? Gibt es für diese aktuelle Situation auch eine individuelle Verantwortung der Großeltern gegenüber den Enkelkindern? Werden die Gespräche zwischen den Generationen zu einer Verständigung führen können? (Kapitel VI).

Wie wird die Geschichte weitergehen? Sie wird weitergehen. So oder so. Werden sich die Sorgen der Alten bewahrheiten oder wird der Optimismus die jungen Generationen für die Zukunft tragen? Die Zeit, die uns die Klima-Krise lässt, wird knapp. Die Herausforderungen sind enorm. Es ist 5 vor 12 (Kapitel VII).

Ich gerate ins Phantasieren und freue mich an dem Gedanken, dass irgendwann Enkel oder Urenkel in diesem Buch lesen möchten – mit Schmunzeln oder Wundern, mit Neugier oder Verdruss, mit Traurigkeit oder Staunen im Gesicht, weil sie sich ein Stückchen Welt aus der Sicht eines alten, vertrauten Menschen angeschaut haben. Sie werden dann wissen, welche Perspektive sich durchgesetzt haben wird. So! oder So?

OPA-ENKEL-DIALOGE

Mit den Enkeln ins Gespräch kommen – über meine Vergangenheit und deren Zukunft – von heute aus gesehen – das geht am ehesten über den Dialog. Opa und Enkel spielen sich die Bälle zu. An den Gesprächen ist nicht immer nur ein bestimmtes Enkel-Kind, sondern sind verschiedene Enkel unterschiedlichen Alters beteiligt. Jedenfalls sollten alle Beteiligten bei dem *Spiel* gleichermaßen ihren Spaß haben.

Auf dem Spielfeld habe ich einige „Eckfahnen" platziert: Am Anfang geht es immer um die alte *Standuhr*. Die ist für jedes Enkel-Kind unabhängig von seinem Alter interessant: Was ist das? Wie funktioniert das? Warum steht die hier? Die Standuhr steht damit auch für die Frage nach der Zeit. Was ist die Zeit?

Eine wiederkehrende Rolle spielt die sogenannte *Enkel-Kiste*. Sie enthält handfeste Erinnerungsstücke, die zum Dialog anregen.

Die an den *Dialogen* beteiligten Enkelkinder sind pfiffig und klug. Sie lassen sich nicht von den manchmal etwas konstruierten Abfolgen irritieren. Sie nehmen die zum Teil sehr stark betonten Gegensätze zwischen den Generationen gelassen hin; sie lassen sich auch nicht von dem manchmal etwas lehrerhaften Zeigefinger beeindrucken. Im Gegenteil: Sie durchschauen dieses Spiel und lassen den Opa oftmals nicht gut aussehen.

Dieses Dialog-Muster mit den naiv-unscheinbaren oder wirklich allerletzten Fragen hat ein Vorbild. Es sind die MacherInnen von „Papa, Charly hat gesagt ... Gespräche zwischen Vater und Sohn". In den 70er Jahren hat der Norddeutsche Rundfunk jeden Samstag einen dieser Dialoge ausgestrahlt. Sie wurden sehr erfolgreich und so beliebt, dass die frechen Texte zwischen einem „achtjährigen Pfiffikus" und seinem „mürrischen Vater" auch als Bücher erschienen. Etwa 10 Jahre lang wurde diese Sendung ausgestrahlt und fünf Papa-Charly-

Bücher erreichten bei Rowohlt riesige Auflagen. Die Gespräche zwischen Vater und Sohn dokumentierten immer auch ein Stück des jeweiligen gesellschaftlichen und politischen Alltags.

Eine Szene im ersten Band heißt „Umweltverschmutzung". Das Gespräch dreht sich um Umweltschutz gegen eine Fabrik im Zusammenhang mit dem Rauchen des Vaters.

Die Formel „Papa, Charly hat gesagt ..." als Einstieg und gleichzeitiger Schutzschild für kritische Fragen des Kindes an den Erwachsenen ist unterhaltsam und anregend. Die Erinnerung an „Papa, Charly hat gesagt ..." ist mein Hintergrund für die folgenden Opa-Enkel-Dialoge.

Bei manchen Themen komme ich selbst noch einmal ins *Grübeln* und falle nachdenklich in die eigene Geschichte zurück. Daraus sind dann eigene Gedanken-Einschübe in *kursiv* geworden und kleine Kommentierungen zum Verhalten der Akteure.

Die Karikaturen von *Uli Stein* begleiten die Gespräche. Schließlich taucht an einigen Stellen ein Hinweis *Für Sama* auf. Das hat einen konkreten Grund, der bis zum Ende des Buches ein kleines Geheimnis bleiben soll.

Offen bleibt, wie dieses *Spiel* – nämlich die Beteiligten über die Generationen hinweg miteinander ins Gespräch zu bringen über Vergangenheit und Zukunft – ausgehen wird. In jedem Fall besteht die Chance, für die Gegenwart voneinander zu lernen; dort, wo ganz konkret und immer wieder das Analoge und das Digitale aufeinandertreffen. Je mehr es gelingt, den Drang zum Bewahren und den Mut zum Verändern in eine angemessene Balance bringen zu können, desto mehr wird Verständigung und gegenseitiges Verstehen gelingen.

Ich muss gestehen, manchmal sind die Dialoge ein wenig – wie soll ich sagen – in die Richtung „Opa erzählt vom Krieg" geraten; so nach dem Motto: Was waren das für Zeiten, damals! Was haben wir nicht alles erlebt! Und was wir alles auf die Beine gestellt haben, damals!

Das könnte die Verständigung mit den Jungen erschweren – hoffentlich werden sie es nicht so wahrnehmen. Denn so ist es nicht gemeint. Aber jetzt ist es auch nicht mehr zu ändern.

Als das fertige Manuskript dieses Buches auf meinem Schreibtisch lag, wurde es von einem der Enkelkinder entdeckt. Darauf entspann sich folgender Dialog:

OPA, wo hast du den Spruch mit dem Dessert eigentlich her?
    Den hab ich mal gehört, weiß nicht mehr wo. Er hat mir
    einfach gut gefallen
Er ist von Silvia.
    Oma Silvia?
Nein, Königin Silvia.
    Königin Silvia, wo gibt es denn die?
In Schweden.
    Die hat das gesagt? Woher weißt du denn so was?
Google.
    Hm.
Da steht noch mehr.
    So – was denn noch?
Lauter Enkel-Dessert-Sprüche und ...
    ... und was denn noch?
Ein Geschenk. Ich lese es dir mal vor: „Enkelkinder sind das Dessert des Lebens. DIN A5 Notizbuch, 120 Seiten liniert. Ein wunderbares Geschenk für Oma und Opa unter 10,00 Euro. Dieses besondere Notizbuch zur Anerkennung von Großeltern ist der perfekte Weg, um Ihre Dankbarkeit gegenüber den besten Omas und Opas aller Zeiten ...“

Als das Manuskript endlich in den Druck gehen konnte, hatten wir schon ein Jahr Corona hinter uns. Wer zu Beginn der Pandemie vorhergesagt hätte, dass in absehbarer Zeit wir uns alle mit Masken vermummen müssten, dass Kinder sich auf Schule freuen würden, dass man zwischen Schnell-, Selbst-

und PCR-Tests zu unterscheiden habe und so weiter – unvorstellbar.

Unsere neue Realität wird auch eine neue Wörter beschrieben – von Homeoffice bis Timeslot, von Mutante bis Vaccine. Diese Realität trennt Enkelkinder und Großeltern nachhaltig, wenn sie nicht ganz nah beieinander oder sogar unter einem Dach wohnen. Das ist bitter. Telefonieren und skypen und zoomen werden zu einem schlechten Ersatz.

Es wird viel zu erzählen geben in Nach-Corona-Zeiten. Die Langzeitspätfolgen für die Gesellschaft und die Menschen – insbesondere für die Kinder – sind noch nicht abzusehen. Es wird sich eine „neue Normalität" entwickeln." Aber diese Zeiten verdienen eine eigene Geschichte. Die soll ausführlich ein andermal erzählt werden.

OMA, wenn Opa sagt, der Krieg ist der
Vater aller Dinge ...
 Sagt er das?
Hin und wieder.
 Weißt du denn, was er damit meint?
Ja, so was wie Not macht erfinderisch.
 Genau.
Aber was macht dann die Mutter?

Enkel sind das Dessert des Lebens

Kapitel II

Über viele Dinge, die vergessenen, verloren oder veraltet sind.

Die Standuhr – ein Beispiel für die Technik ihrer Zeit.

OPA, warum heißt die Standuhr Standuhr?

Sie kann nur auf dem Boden stehen. Deshalb nennt man diese Uhren auch „Bodenstanduhr".

Warum kann sie nicht auf dem Boden liegen?

Das ist eine längere Geschichte:

Standuhren haben eine große Tradition. Sie stammen aus England. Die ersten Standuhren entstanden vor mehr als 300 Jahren. Das Besondere an ihnen ist das Pendel, das durch Gewichte in Gang gehalten wird.

Wofür ist dieser hohe Kasten?

Der Kasten schützt das Pendel und die Gewichte. Standuhren waren bis 3 Meter hoch. Stell dich mal neben unsere Uhr. Sie misst 2,30 Meter! Du könntest dich beinahe noch in dem Uhrenkasten verstecken.

Das geht doch gar nicht. Und warum sollte ich mich darin verstecken?

Es gibt Situationen, in denen könnte das ein nützliches Versteck sein. Denk doch mal an das Märchen von dem Wolf und den sieben Geißlein.

Opa, was ist das für ein Märchen?

Der Wolf und die sieben jungen Geißlein von den Gebrüdern Grimm ...

Opa, erzähl mal!

Eigentlich wollte ich dir gerade die besondere Technik an unserer Standuhr erklären. Die Gewichte hier ...

Opa, die Gewichte laufen doch nicht weg. Wie war das mit den sieben Geißlein?

Also gut: Es war einmal eine alte Geiß.

Was ist eine Geiß?

Das ist ein alter Ausdruck für Ziege, so nennt man diese Tiere in Süddeutschland und in Österreich. Also diese Geiß hatte sieben junge Geißlein und hatte alle sehr lieb. Eines Tages wollte sie in den Wald gehen, um Futter zu holen. Deshalb sagte sie: „Seid auf der Hut vor dem Wolf, wenn er herein kommt, frisst er euch alle mit Haut und Haar. Ihr erkennt ihn an seiner rauen Stimme und seinen schwarzen Füßen."

Opa, ist das in echt so passiert?

Das ist ein Märchen. Märchen sind Geschichten, die immer wieder und immer wieder erzählt werden.

Opa, kann ich mal das Geißlein sein?

Versuch es mal, aber Du bist wohl schon zu groß. Und die Gewichte hängen hier und brauchen Platz.

Opa, kann ich auch mal an den Gewichten ziehen?

Ja, aber die sind sehr schwer.

Opa, was machen die Gewichte mit der Uhr?

Sie sorgen dafür, dass die Zahnräder hier oben in der Uhr sich drehen. Man muss ständig auf diese Gewichte achten. Wenn die Gewichte den Boden des Gehäuses erreicht haben, geht nichts mehr

Nichts mehr?

Ja, dann erklingt der Glocken-Schlag nicht mehr und die Zeiger gehen nicht weiter.

Opa, dann müsste sie eigentlich Geh-Uhr heißen.

Das ist eine witzige Idee; denn selbst wenn unsere Uhr „geht", geht sie nach ...

Wohin geht sie?

Sie geht nirgendwo hin, aber sie geht nicht genau. Unsere Standuhr geht immer einige Minuten nach. Deshalb habe ich schon mal den Bus verpasst, weil ich mich auf diese Uhr verlassen habe.

Kann man die Standuhr nicht verstellen, sodass sie langsamer geht.

Kannst du deine Armbanduhr langsamer oder schneller stellen?

Eigentlich nicht. Aber eine Standuhr ist doch etwas anderes als eine Armbanduhr.

Stimmt.

Sie hat Gewichte und ein Pendel.

Du bringst mich auf eine Idee.

Opa, welche Idee?

Ich muss erst noch nachdenken, ich komme darauf zurück.

Opa, gibt es heute noch solche Geh-Standuhren?

Ja natürlich. Es gibt sie im Museum. Aber sie werden auch heute noch gebaut. Dann sehen sie allerdings anders aus. Außerdem gibt es ganz außergewöhnliche Standuhren z. B. die Astronomische Uhr im Straßburger Münster. Die ist riesig groß und geht immer exakt, ganz genau, auf die Sekunde und misst noch mehr als nur die Zeit.

Opa, dann ist das eine Digital-Uhr!

Nein, die ist technisch genauso altmodisch wie unsere Stand-Uhr, nur viel, viel größer und komplizierter und schöner.

Die möchte ich gerne mal sehen.

Vergessen, verloren, veraltet.
Von der Bahnsteigkarte bis zum Walkman.

Jemand hat mal gezählt, besser geschätzt, und herausgefunden, alle Menschen in Europa besäßen im Durchschnitt

10.000 Dinge – nützliche, unsinnige, wertvolle, zum Wegwerfen. Auch Dinge können sprechen. Sie hinterlassen Spuren. Oft sind sie – anscheinend unauflösbar – mit bestimmten Orten verbunden. Wohl deshalb nutzen nach einer Umfrage viele Menschen einen großen Teil ihrer Wohnung als Stauraum für Erinnerung. Für Dinge, die als Relikte ihrer Zeit Geschichten erzählen von Vertrautem und Fremdem.

Die *vergessenen* Dinge gibt es manchmal noch, aber sie liegen nicht mehr im Trend der Zeit. Die *verlorenen* Dinge werden einfach nicht mehr hergestellt oder benutzt – weil zu teuer, weil technisch veraltet, weil zu aufwendig. Die *veralteten* Dinge liegen entweder vergessen auf dem Dachboden oder landen bei Sammlern, wenn sie noch einen Liebhaberwert haben. Wenn ihr wollt, begeben wir uns mal auf Spurensuche – hier, mit dieser Kiste.

OPA, was ist das für eine Kiste?

Das ist eine Enkel-Kiste!

Enkel-Kiste? Was ist eine Enkel-Kiste?

In der Kiste habe ich Dinge für meine Enkelkinder gesammelt, die sie bestimmt nicht kennen. Ihr könnt sie mal aufmachen und irgendein Teil herausnehmen.

Das ist ein RECHENSCHIEBER. Da hast du mit sicherer Hand etwas gegriffen, was so veraltet ist, dass ich es dir kaum verständlich erklären kann. Es ist ein analoges Rechenhilfsmittel, mit dem man Grundrechenarten – insbesondere auch Multiplizieren und Dividieren – so durchführen kann, dass man das Ergebnis mechanisch ermittelt und graphisch vor sich sieht. Im Gymnasium mussten wir uns in der Oberstufe so ein Gerät anschaffen. Das ist mein alter Rechenschieber, der für viele Aufgaben in der Schule unerlässlich war. Wenn du mich fragst, wie er genau funktioniert, ich könnte heute damit nicht mehr umgehen. Denn als in den 70er Jahren die ersten Taschenrechner auf den Markt kamen – also so preiswert waren, dass auch Schüler sie kaufen konnten – geriet der Rechenschieber in Vergessenheit. Ich habe bei Wikipedia nachgeschaut. Die Erklärung des Rechenschiebers geht über 26 Seiten. Und natürlich wird in einem kleinen Video der Gebrauch genau erklärt. Wenn ihr euch dafür interessieren solltet ...

OPA, in der Hülle steckt noch eine kleine Karte.
BAHNSTEIGKARTE, steht da, 20 Pfennige.

Das ist wirklich etwas sehr Verlorenes. Wenn ich so zurück denke und in der Erinnerung krame, als ich so alt war wie du, dann – ich muss mal überlegen – fallen mir kaum noch Situationen ein, in denen ich eine Bahnsteigkarte bekam. Das war wirklich eine Karte, die das Betreten der Bahnsteige erlaubte. Die waren nicht frei zugänglich. In großen Bahnhöfen saß unten an den Treppen in einem kleinen Häuschen eine Person, die diese Bahnsteigkarten verkaufte, kleine feste Karten aus Pappkarton. Ähnlich den Karten, die man heute noch beim Wiegen auf öffentlichen Personenwaagen erhält; gegen Zahlung einer Geldmünze wird das gemessene Gewicht auf so einer Karte ausgedruckt. In manchen größeren Bahnhöfen gab es auch schon einen Selbst-Bedienungsautomaten für Bahnsteigkarten.

Ich meine, sie hätte erst 10 und später 20 Pfennige gekostet, nach heutiger Rechnung ungefähr 5 bis 10 Cent. Mit zunehmendem Bahnverkehr wurde die Bahnsteigkarte abgeschafft. Dann wurden die Bahnsteige frei zugänglich.

Ihr nennt das „krass". Das stimmt. Es war ein Relikt eines ordnenden und kontrollierenden Obrigkeitsstaates, der seine Bürger immer im Blick behalten wollte. Man kann das auch als ein Zeichen der deutschen Gründlichkeit sehen. Lenin – ein berühmter russischer Revolutionär zu Beginn des 20. Jahrhunderts – soll gesagt haben: „Wenn diese Deutschen einen Bahnhof stürmen wollen, kaufen sie sich erst eine Bahnsteigkarte". Aber bei Wikipedia habe ich gelesen, dass am Bahnhof Berlin/

Zoologischer Garten bis 1987 Bahnsteigkarten verkauft wurden. Und in Hamburg und in München gab es ausnahmsweise noch bis vor kurzem für besondere, abgegrenzte Bahngebiete, für sogenannte „fahrkartenpflichtige Bereiche", Bahnsteigkarten zu kaufen. Ach übrigens: Früher gab es bei der Bahn drei Klassen: die erste und die zweite und die dritte Klasse, die sogenannte Holzklasse – Holzsitze eben, ohne jeden Komfort.

OPA, noch eine Geschichte.
Dann greift noch mal in die Enkel-Kiste.
Was ist das den für ein komisches Gerät?

Das ist ein sogenannter TRANSLATOR. Der hilft mir beim Übersetzen vom Deutschen in eine fremde Sprache; z.B. im Urlaub in Frankreich, wenn mir das französische Wort für Enkel nicht einfällt. Umständlich? Stimmt, das war mühsam und man muss Wort für Wort eintippen. Du hast eine Übersetzungsfunktion an deinem Handy? Der Translator ist also zu Recht vergessen worden. Damals war das eine große Sache, weil er das Wörterbuch zu ersetzen versprach.

OPA, was ist das denn für ein Ungetüm? Das ist ja furchtbar schwer. Ein Telefon?
Ja, das ist ein TELEFON, aber vor allem ein FAX-Gerät. Das kenn ich. Mein Papa hat das auch, er sagt immer Fernkopierer dazu.
Dieses FAX ist schon veraltet. Es war ein Gerät für analoge Anschlüsse. Dein Papa hat wahrscheinlich ein Multifunktions-Gerät, mit dem man kopieren und scannen und faxen kann. Das geht dann aber mit neuer, digitaler Technik. Als die Deutsche Bundespost 1979 das Telefax offiziell einführte, war das etwas ganz Besonderes, eine revolutionäre Neuerung: Texte und Bilder auf diesem Wege übertragen zu können – ich war begeistert und „Faxen" wurde zum neuen Mode-Zauber-Wort.

Opa, Oma sagt immer, ich solle nicht so viele Faxen machen. Oh, guckt mal: wozu ist denn dieses kleine Schloss? Warum ist das in der Kiste?

Das ist ein WÄHLSCHEIBEN-TELEFON-SCHLOSS.

Wie bitte?

Das ist eine etwas längere Geschichte.

Erzähl schon!

Also, als vor über 150 Jahren das Telefon erfunden worden war, um mit jemandem sprechen zu können, der weit entfernt wohnte – deswegen sprach man auch vom Fern-Sprecher – konnte man nicht selber eine Nummer wählen, sondern musste mit einer Kurbel Kontakt zum nächsten Postamt herstellen. Dort wurde man dann verbunden. Erst später wurden Telefonapparate mit Wählscheiben erfunden. Als ich geboren wurde, sahen die Telefone noch so aus. Das Witzige ist, dass es heute wieder diese schwarzen Backelit-Telefone zu kaufen gibt. Bei einer Firma, die Manufactum heißt und mit dem Satz wirbt: „Die guten Dinge, es gibt sie noch". Im Katalog Winter 2019 findet ihr auf Seite 3 das schwarze Backelit-Telefon W 48 im Angebot.

Später wurden die Telefone etwas moderner, farbenfreudiger, aber im Prinzip musste man mit der Telefondrehscheibe die Nummer anwählen. Und mit dem Schloss haben meine Eltern ... Genau! Dieses Schloss wurde in die Telefonscheibe gelegt und wenn es abgeschlossen war, hat es die Drehscheibe blockiert. Das kennst du auch? Deine Mutter schließt manchmal auch dein Handy ab, damit du nicht zu viel rumspielst? Aber dafür braucht sie wohl kein Schloss mehr. Dann kennst du ja die Bedeutung des Telefonschlosses: Für mich war das ein „Folter-Instrument" – eingesetzt von Eltern gegen ihre Kinder. Grausam. Dein „Schloss" ist heute unsichtbar, hat aber die gleiche Wirkung.

OPA, ich hasse das, diese Beschränkungen, dass meine Eltern mir Spielezeit zuteilen. Wenn ich mal erwachsen bin, dann ...

Dann kannst du selber bestimmen, wie viel Geld du für deine Kommunikation ausgeben willst. Apropos Geld: Das, was du jetzt in der Hand hast, ist ein TYPENRAD. Dieses Rad war für eine bestimmte Schreibmaschine bestimmt und enthielt jeweils einen besonderen Schrifttyp. Für jeden Schrifttyp musste man sich ein anderes Typenrad kaufen. Die waren ziemlich teuer. Ich habe sie mir zum Geburtstag gewünscht. Sie kosteten ungefähr 50 D-Mark, damals. Und sie wurden in diese ELEKTRISCHE SCHREIBMASCHINE eingesetzt. Etwas ganz Modernes damals, in den 80er Jahren. Die Maschine hatte auch eine Korrekturfunktion. Man konnte mit Hilfe eines eingelegten Korrekturbandes Schreibfehler korrigieren. Warum das etwas Besonderes war? Ganz einfach: Bis dahin gab es kleine Korrektur-Papier-Streifen von Tipp-Ex oder flüssiges Tipp-Ex mit dem man dann jeden Fehler einzeln korrigieren musste. Deshalb war das Korrekturband ein großartiger Fortschritt. Diese Maschine konnte man mitnehmen. Sie war nicht gerade klein, diese Brother M 7800, 42 x 42 x 12 Zentimeter und 9 Kilogramm schwer. Ich habe sie geliebt – bis ich meinen ersten Laptop bekam – dann war sie abgemeldet, die arme.

OPA, was ist ein WALKMAN?

Musik zum Mitnehmen.

Das ist doch normal. Kann heute jeder.

Aber vor ziemlich genau 40 Jahren war das eine revolutionäre Erfindung. Ein kleines tragbares Gerät, das man auf Reisen mitnehmen konnte. 1979 kam der erste Walkman aus Japan zu uns. 10 Jahre später gab es bereits 50 Millionen davon. Wir konnten MUSIK-KASSETTEN hören und Sprech-Kassetten – nicht nur abhören, sondern auch selber besprechen. Bibi Blocksberg und Benjamin Blümchen ...

... kenn ich doch, ich höre auf meiner TONIE-Box Bibi und Benjamin.

Was für eine Box?

Eine TONIE-Box. Du musst mal im Netz nachschauen, so
genau kann ich dir das auch nicht erklären. Jedenfalls ist das
wie ein Tonbandgerät für Kinder und ganz leicht zu bedienen –
mit der jeweiligen TONIE-Figur. Ich kann dir das mal zeigen ...

OPA, hast du noch mehr Sachen in der Enkel-Kiste?
> Ja, in der Enkel-Kiste verstecken sich auch noch verlorene
> WÖRTER.

Bahnsteigkarte?
> Das ist ja noch nicht verloren, es ist wohl eher veraltet.

Sind die Wörter aus Ost-Westfalen veraltet?
> Ja, in gewisser Weise schon. Jemand aus Bayern würde
> den Kopf schütteln, wenn er *Hibbelkopp* hörte.

Oder *Klümpsken*.
> Oder *Kiekinnewelt*. Aber hier bei uns sind diese Wörter
> noch im Gebrauch.

Dann gibt es auch noch die Lieblingswörter aus Werther, von
denen du uns eine Postkarte geschickt hast!
> Die sind ja auch nicht verloren, sie sind eher ungewöhn-
> lich oder werden selten benutzt.

Dein Lieblingswort, das auf der Postkarte steht, mag ich auch.
> Ja?

Ja! Manchmal bin ich auch *eigensinnig*.

Es gibt einige WÖRTER, die wirklich verloren gegangen sind.
Zum Beispiel, kennt ihr noch das Wort „*Fräulein*"? Es gab lange
Zeit eine Unterscheidung zwischen einer Frau, die verheiratet
war, und einem unverheirateten Fräulein. Das ist heute glücklicherweise nicht mehr gebräuchlich. Zumal es auch kein
„Herrlein" gibt. Mir ist die Unterscheidung noch sehr gegen-
wärtig. Im Geschäft meines Vaters gab es eine Mitarbeiterin,
die war die eigentliche Chefin des Büros, verantwortlich für
Termine, Abrechnungen, Steuern usw. Das war „Fräulein Neuhaus". Es gab überhaupt keine andere Bezeichnung für sie, alle
sprachen nur von Fräulein Neuhaus. Sie schien keinen Freund

zu haben und war – solange sie in dem Geschäft arbeitete, das waren ungefähr 35 Jahre – auch nicht verheiratet, in dieser alten Denkweise ein echtes „Fräulein" eben.

Eine Frau, die heiratete, brauchte eine „*Aussteuer*", das sind Sachen des täglichen Bedarfs wie Bettwäsche, Geschirr und Handtücher, die sie mit in die Ehe brachte. Der DUDEN für die deutsche Rechtschreibung enthält das Wort noch und fügt „selten" hinzu.

OPA, es gibt aber nicht nur Wort-Todesfälle, sondern auch Wort-Geburten.

So, welche denn?

Zum Beispiel „*Influencer*".

Das habe ich schon mal gehört, aber ich weiß nicht genau, wer das sein soll.

Das ist doch ganz einfach, das sind Menschen, die *performen* auf *Instagram* oder auf anderen Kanälen ihre Meinungen zu bestimmten Produkten und *posten* Bilder von sich ...

Alles englische Wörter.

Englisch ist eben eine Weltsprache. Weißt Du übrigens, dass jedes Jahr der „Anglizismus des Jahres" gekürt wird?

Keine Ahnung, welches Wort ist es geworden?

„... *for future*", eine Redewendung mit Leerstelle.

Verstehe, Großeltern for future ...

Die Plätze 2 und 3 sind „*OK Boomer*" und „*Deepfake*".

Ah, ja ... *und nach einer deutlichen (Verschnauf-) Pause*: Wisst ihr eigentlich, dass bestimmte Wörter der deutschen Sprache wörtlich in andere Sprachen übernommen worden sind?

Zum Beispiel?

Kindergarten!

Sauerkraut?

... Oktoberfest.

Gibt es auch Wörter, die nicht in andere Sprachen übersetzt werden können?

Ja, Heimat zum Beispiel!

Da fällt mir noch eine Geschichte ein, fast eine Heimat-Ge-schichte: Ich erinnere mich genau an unseren *Milchmann* Herrn Hoste. Der fuhr ein motorisiertes, kleines dreirädriges Auto; einen Kastenwagen von Borgward; der hieß „Goliath", daran kann ich mich noch gut erinnern. Ein witziger Name, wenn man an die heutigen Lastwagen denkt. Aber er verbrauchte nur 0,5 Liter Benzin auf 100 Kilometer. Mit diesem Gefährt trans-portierte Herr Hoste die schweren Milchkannen und Tragege-stelle für die Milchflaschen aus Glas. Er kam, klingelte und rief „Der Milchmann ist da". Dann musste ich die 63 Stufen runter, leere Glasflaschen abgeben und neue hochholen.

Vom letzten Treppenabsatz aus fiel mein Blick immer wieder auf das Schild am Eingang des Treppenhauses: „Betteln und *Hausieren* verboten." Lange Zeit wusste ich nicht, was *Hausieren* ist und warum man das verbieten sollte. Wisst ihr noch, was ein Hausierer ist? Das ist jemand, der Waren von Haus zu Haus anbietet. Der kommt mit einem Koffer voller Sachen, klingelt und will etwas verkaufen.

Jedenfalls – unser Milchmann hatte seinen Laden neben einem „*Kolonialwaren-Händler*". Was das bedeutet? Kein Wunder, der DUDEN nennt das Wort „veraltet". Es bezeichnete bis in die 70er Jahre Geschäfte, die Waren aus den Kolonien, d.h. aus Ländern in Afrika, Asien und aus der Südsee verkauften. Vor allem Zucker, Tabak, Kaffee, Tee, Reis und Gewürze. Solange es Kolonien gab, wurde in der Werbung für diese Waren Wert auf ihren kolonialen Ursprung gelegt. Aber der *Kolonialismus* ist ein trauriges Kapitel unserer Geschichte und davon soll ein ander-mal erzählt werden. Jedenfalls kam es in der Zeit, in der es deut-sche Kolonien gab, zu solchen paradoxen Werbeanzeigen wie dieser (um 1905 herum): „Togolano-Unterkleider, aus garan-tiert deutscher Kolonial-Baumwolle". Das Wort *Kolonialwaren* hat sich bis in die 70er Jahre gehalten, obwohl Deutschland schon nach dem Ersten Weltkrieg keine Kolonien mehr hatte. Heute würde man solche Läden vielleicht als „Tante-Emma-

Läden" bezeichnen. Genau, so einen Laden gibt es bei euch in der Straße, wo man alles kaufen kann, was man für den Lebensmittel-Alltag so braucht.

OPA, bist du traurig über die verschwundenen Wörter?
   Na ja, ein bisschen schon.
Aber das ist doch normal.
   Was ist normal?
Dass die Sprache sich verändert.
   Nun tu mal nicht wieder so altklug.
Opa, das ist nicht altklug, sondern *smart*.
   Muss denn heute alles in englisch gesagt werden?
Alles nicht, aber Manches, wie *smart* eben.
   Du hast recht. Mein Vater benutzte das Wort auch und
   zwar dann, wenn er jemanden als modisch-elegant
   einschätzte.
Siehst du. Und der DUDEN, den du so gerne zitierst, sagt – ich hab extra nachgesehen – dass das englische *smart* auch *clever* bedeuten kann.
   Schon wieder englisch.
Aber fast wie eingedeutscht. Und eine Automarke!
   Schöne alte deutsche Wörter gehen verloren ...
... und dafür bekommen wir auch viele interessante neue.
   Da bin ich aber mal gespannt.
Opa, du hast neulich gesagt, *twittern* wäre nichts für dich, aber *googeln* schon. *Opa schweigt und denkt nach und fängt ein anderes Thema an.*

Kennt ihr eigentlich noch TELEFONZELLEN? Nein, das sind keine Zellen für gefangene Telefone. Man hätte dann vielleicht eher von Zellen-Telefonen gesprochen. *Telefonzellen* waren kleine „Zellen", etwa 1 mal 1 Meter im Quadrat. Überall standen diese kleinen gelben Häuschen mit einem Telefonapparat für Münzen an der Wand und vielen Telefonbüchern. Mit diesen Telefonzellen ist für mich ein unverwechselbarer Geruch verbunden. Sie waren nicht gut belüftet, eine Zelle eben, und deshalb roch es in ihnen immer muffig, nach Zigarettenrauch und Schweiß.

Mit dem Geruch tauchen sofort alte Bilder bei mir auf:
Was war das für ein Gedränge, wenn wir uns am Ende einer Klassenfahrt der Heimatstadt näherten und auf dem letzten Rastplatz versuchten, Eltern und Bekannte anzurufen, um zu verabreden, wo und wann wir abgeholt werden könnten. Dauernd waren die wenigen Telefonzellen besetzt oder es fehlte an den passenden Münzen oder der Apparat funktionierte nicht. Wahre Katastrophengeschichten spielten sich dann dort ab. Das kann man sich heute nicht mehr vorstellen. Solche Telefonzellen gibt es nicht mehr. Statt dessen sieht man die modernen Steh-Säulen der Telekom, jetzt in pink.

Kürzlich stand in der Zeitung, dass die Telekom die letzte gelbe Telefonzelle in Deutschland hat abbauen lassen. 1881 ging die erste in Betrieb. Seit 1899 gab es die Münztelefone. Von 1946 an waren die Telefonzellen gelb, sie durften nur gelb sein. Bei ebay kann man ein solches Telefonhäuschen für 1399 Euro kaufen.

Beim Abschied von der Telefonzelle fällt mir auch die LIT-FASSSÄULE ein. Eine runde Säule – 1,40 Meter im Durchmesser und bis zu 3,60 Meter hoch – wird sie auf Gehwegen und Plätzen aufgestellt und mit Werbeplakaten oder wichtigen Informationen beklebt. Das war eine geniale Idee vom Berliner Drucker Ernst Litfaß, vor 165 Jahren. Ende 2005 – heißt es vom Fachverband Außenwerbung – gab es noch 51 000 Litfaßsäulen in Deutschland und über 2500 allein in Berlin. Wahrscheinlich werden einige alte Exemplare unter Denkmalschutz gestellt werden. Aber in absehbarer Zeit werden auch die aus dem Stadtbild verschwinden.

OPA, du musst darüber nicht traurig sein.

Bin ich aber.

Warum denn?

Diese Säulen hießen ja zu Recht auch „Annonciersäulen". Vor ihnen sammelten sich die Menschen, um sich zu informieren und miteinander zu sprechen.

Das gibt es doch heute auch noch, oder wieder.

Hab ich was übersehen?

Ja, die moderne Litfaßsäule heißt „City-Light-Säule", sieht aus wie eine Litfaßsäule, ist verglast und von innen beleuchtet und dreht sich.

Ist mir noch nicht aufgefallen.

Dazu gibt es die „Infoscreens".

Wie bitte?

Opa, diese digitalen Großbildflächen, die findest du an U- und S-Bahnsteigen, in Bahnhöfen und auch an vielen Ausfallstraßen.

Stimmt, da gucke ich auch gerne hin, um in den Warte-situationen informiert zu werden ...

Siehste!

Was siehste?

Alter Wein in neuen Schläuchen.

Opa fühlt sich zu Recht belehrt und denkt über ein anderes Thema nach:

Wisst ihr übrigens, was ein KÄFER ist? Ja, natürlich, ein Insekt, meistens mit 6 Beinen. Wenn Oma und ich das Wort Käfer hö-ren, denken wir an ein Auto. Ja, an ein Auto. Denn in ganz vie-len Familien war das erste Auto nach dem Krieg ein Käfer, ein Volkswagen, der ein bisschen wie ein Käfer aussah, rund und schnuckelig. Aber auch ziemlich klein für eine Familie mit 4 Personen. Das Gepäck wurde vorne unter der Haube verstaut, denn der Motor war hinten. Dann gab es noch etwas Platz für die Koffer hinter der Rückbanklehne. Wir Kinder haben uns am liebsten in diesen Raum gequetscht und aus dem kleinen Rückfenster geschaut. Nein, Anschnallgurte gab es noch nicht, die wurden erst später erfunden. Die Entwicklung von Sicherheitstechnik im Auto stand noch in den *Kinderschuhen*. Kinderschuhe, ja so sagt man. Nein, keine Schuhe für kleine Füße. Die Entwicklung stand noch am Anfang, deshalb sagt man „steckt noch in den Kinderschuhen." *Kinderstube* ist wieder etwas anderes, das ist eine komplizierte andere Geschichte und die soll ein andermal erzählt werden. Als die Sicherheitsgurte dann zur Pflicht gemacht werden sollten, haben viele Leute dagegen protestiert: Das sei unbequem und lästig und überflüssig. Nach dem die Regel verbindlich war, musste jeder, der nicht angeschnallt war und von der Polizei gesehen wurde, ein Verwarngeld bezahlen. So ähnlich wie heute mit dem Handy-Verbot im Auto. Irgendwann wurde der Käfer nicht mehr gebaut. Dann kam der *Golf*. Eine ganze Generation wurde danach benannt.

Den Käfer kennst du? Natürlich kennt ihr den, den gibt es ja heute noch. Aber viele Leute haben dem Käfer hinter her getrauert. Warum kann man nicht einen modernen Käfer bauen, mit Anschnallgurten und allem was heute so für ein Auto notwendig und nützlich ist? Die Leute vom Volkswagen-Werk fanden das eine gute Idee und bauten einen modernen Käfer, den sie *Beetle* nannten.

OPA, ich mag die Musik der Beatles.

> Ich auch, aber der Beetle schreibt sich so und ist das englische Wort für Käfer. Bald wird der letzte Beetle gebaut werden. Dann sterben die Beetles aus.

Die Beatles sind ja auch schon gestorben, als Band, das habe ich gelesen, aber zwei von den Musikern leben noch ...

> Genau, da bist du ja gut informiert.

Opa, kannst du nicht mal ein Beatles-Lied spielen?

> Das fragst du mich angesichts von zig Beatles-Songs auf YouTube und sonst wo im Netz?

Ja, ich meine mit einer Schallplatte.

Analog oder digital – Eine Generationenfrage?

Uli Stein zeichnet zwei erwachsene Kinder am Frühstückstisch. Die Mutter öffnet einen Briefumschlag und heraus fällt ein Handy. Sie sagt dazu „Ooh, schon wieder Omas Handy mit einer SMS für mich ..."

OPA, Adele hat gesagt, ihre Mutter behauptet, sie sei ein Geschöpf der analogen Generation ...
    Ja, was soll das denn heißen?
Das heißt, sie schreibt lieber Briefe als Mails.
    Das kann ich gut verstehen.
Aber Opa, das ist doch total unpraktisch und teuer und langsam.
    Stimmt.
Dann bist du auch von der analogen Generation?
    Ja, ehrlicher weise ja!
Aber die stirbt doch aus. Heute hat doch jeder ein Handy und kann telefonieren und „faxen" und fotografieren ohne jedes Problem.
    Leider. Ich bin da komisch und altmodisch. Guck dir
    meine Uhr an. Ohne Batterien mit Solar.
Aber analog – ich brauche keine Uhr mehr, Opa.
    Heutzutage kann man leider ohne Uhrzeit nicht mehr klar
    kommen.
Deswegen wünsche ich mir zum Geburtstag ein richtiges Smartphone – sonst nichts.
    Und was meinen deine Eltern dazu?
Die zieren sich noch.
    Die zieren sich noch – weißt du auch warum?
Eigentlich nicht.
    Ich würde mich auch zieren.
Warum denn?
    Weil das Handy verführt.
Verführt?

Ja, hat man erst einmal das Handy in der Hand und für
  sich entdeckt, lässt es einen nicht mehr los.
Ja und, was hast du dagegen?
  Es macht unsere Kommunikation kaputt.
Opa, das Gegenteil ist der Fall. Über Twitter und Facebook bist
du mit zig Leuten in Kontakt; du kannst dich austauschen und
ständig in Kontakt bleiben; im Netz kann man alles nachsehen,
was man nicht weiß; es gibt Schul-Apps, die beim Lernen hel-
fen; ich brauch keinen Rechenschieber und keinen Translator;
du hast dein Telefon immer bei dir und kannst dir sofort die
Bilder angucken, die du gemacht hast. Mit Google Earth findet
man sich überall zurecht und ich kenn die Wohnung meines
englischen Brieffreundes, ich finde das nur cool, obercool.
  Das stimmt alles, soweit ich weiß.
Also, sag ich doch.
  Aber ...
Opa, du hast immer gesagt, alles was mit „aber" anfängt, ist
das Wichtige.
  Du hast Recht.
Also welches „aber"?
  Ich mache mir Sorgen.
Worüber?
  Über unsere Kommunikation.
Wir sprechen doch die ganze Zeit miteinander.
  Nicht die zwischen uns hier, sondern grundsätzlich, all-
  gemein, besonders zwischen jungen und alten Menschen.
Ja, warum?
  Alles muss sofort geschehen. Alles muss dokumentiert
  werden. Was ich auch tue, es muss im Bild festgehalten
  werden. Es muss mitgeteilt werden – hinaus in die
  mediale Welt. Die Kommunikation ist wie Gürtel und
  Hosenträger.
Gürtel und Hosenträger?
  Das betrifft eine Szene aus dem Film „Spiel mir das Lied
  vom Tod". Es ist ein gutes Bild für das was ich, „doppelt

gemoppelt" nenne: Zuerst eine Handy-Mitteilung: „Wir sind gleich am Bahnhof". Dann eine SMS: „Ich hab dir was auf Dein Handy gesagt". Schließlich eine WhatsApp-Nachricht. Und am Ende – ein Smiley! Alles muss gesagt und gezeigt werden und das sofort und dann noch möglichst kurz und knapp.

Opa, Du wirst jetzt aber hoffentlich nicht altmodisch-unbeweglich?

Nein, ich schreibe ja auf dem PC anstatt auf meiner Brother M 7800, ich telefoniere mit dem Handy und maile und WhatsAppe ...

Das ist gut, dann können wir uns in jedem Fall verständigen.

Aber ob wir uns auch noch verstehen?

Mir fällt da gerade eine Geschichte ein. Wollt ihr sie hören?

Okay, Opa erzähl deine Geschichte.

Mein erster Fotoapparat sah ungefähr so aus. *Opa zeigt mit den Händen etwas, das mindesten drei 250 Gramm Butterpakete umfassen soll.* Ich musste die Filme von meinem Taschengeld bezahlen. Ich kaufte deshalb meistens Schwarz-Weiß-Filme. 24 oder 36 Aufnahmen. Farbfilme waren teurer. Deshalb wurde ich bei den Fotos richtig geizig und habe drei mal überlegt, welches Motiv ich festhalten wollte. Und wenn der Film voll war, musste ich ihn beim Fotohändler entwickeln lassen. Das war auch relativ teuer und dauerte einige Tage. Dann, wenn die Fotos fertig waren, war das ein besonderer Moment. Die Tüte aufmachen und die Fotos rausholen und schnell überfliegen: Mist, das ist verwackelt; schade, das ist nicht so geworden, wie ich gedacht hatte; das ist ja klasse, wie wir da stehen und gucken; der guckt ja vielleicht komisch ... Ein Erlebnis, eine Freude, das Ende einer Wartezeit. Dann wurden die Fotos eingeklebt in ein Fotoalbum und beschriftet: Klassenfahrt nach Berlin 1963.

Opa, ich verstehe. Du bist analog und ich bin digital groß geworden.

Ja, genau so ist es. Ich bin einfach zu schnell genervt, wenn ich eine App auflade und mich dann registrieren und einloggen muss und am Ende ist irgendetwas – ich weiß meistens nicht was – schiefgelaufen, eine ...

Opa, das ist doch wirklich kinderleicht, du wirst doch überall geleitet und ...

Ich glaube mittlerweile, dass eure Generation andere Fähigkeiten im Umgang mit dieser Technik entwickelt hat, und ein – mindestens – freundschaftliches Verhältnis zu diesen Geräten pflegt, während ich diese Dinger eher als Gegner erlebe.

Ja, genau da liegt das Problem.

Aber dafür verläuft eure Kommunikation zu oft unter dem Motto TLTR.

Was ist TLTR?

To long to read.

Das soll heißen?

Das heißt, Zeitungstexte, Analysen, wichtige Informationen etc – alles zu lang, um gelesen zu werden; am Besten, wenn alles in die 140 Zeichen von Twitter passt ...

280!

Wie bitte?

Seit einiger Zeit sind es 280 Zeichen.

Ändert das etwas an meinen Bedenken?

Aber du wirst dich nicht ewig in deine analoge Ecke zurückziehen können.

Hm. Es kann sein, dass du den Nagel auf den Kopf getroffen hast ... *Nach einer Nachdenkpause:* Woher kennst Du dich eigentlich so gut aus mit dem PC?

Ich mache Tafeldienst.

Tafeldienst?

Ja, ich muss morgens das *Whiteboard* in unserer Klasse einstellen und alles überprüfen und vorbereiten und so ...

Eine Generationenfrage!

Genau.

Apropos ...

Apropos?

Ja, französisch und heißt soviel wie nebenbei bemerkt, übrigens – mir fällt gerade noch ein verlorenes Wort ein.

Welches ?

Kartoffelferien.

Cool, kenn ich aber nicht.

So hießen die Herbstferien vielerorts früher. Eine Zeit, in der die Schülerinnen arbeiten wollten um ihr Taschengeld aufzubessern; oder vor allem in ländlichen Gegenden arbeiten mussten, um z. B. bei der Kartoffelernte zu helfen.

Jetzt in Corona-Zeiten gibt es kaum noch Ferienjobs und überhaupt viel zu viel freie Zeit. Echt langweilig!

Das klingt fast so, als würdest du neuerdings die Schule vermissen.

Die Schule auch, aber vor allem meine Freunde und die Clique...

Das sind wirklich schwere Zeiten für euch. *Opa seufzt nachdenklich.* Aber es bleibt ein kleiner Tost.

Trost? Da bin ich aber mal gespannt.

Später, wenn die Pandemie vorbei ist, wenn ihr mal Kinder haben werdet und die euch nach euren Schulerlebnissen fragen, dann werdet ihr euch bedeutungsvoll zurücklehnen und sagen, ja die Corona-Ferien, das war eine ganz besondere Zeit. Und dann werdet ihr erzählen müssen von damals, den Corona-Zeiten: von der Maskenpflicht im Unterricht; von den AHA plus L-Regeln; von den offenen Fenstern im Unterricht während des Winters und dem Homeschooling ...

OMA, wenn Opa sagt, was sich liebt,
das neckt sich …

... ja, dann?

Meint er dich damit?

Vielleicht.

Wen noch?

Seine Enkelkinder vielleicht.

Kann ich dich auch necken?

Da bin ich aber gespannt.

Oma, kennst du die beliebteste Kaffee-Marke
der Deutschen?

Da muss ich mal überlegen, ich kenne …

Oma – Kaffee to go!

Enkel sind das Dessert des Lebens

Kapitel III

Über Familien, ihren Klatsch und Tratsch und dass ‚Unter jedem Dach ein Ach' wohnt.

Die Standuhr – ein Stück Familiengeschichte.

Unsere Standuhr stammt von 1912. Sie ist jetzt über 100 Jahre alt und läuft und schlägt immer noch. Aber es ist schwer, die Geschichte der Wohnungen, in denen sie geschlagen hat, zu rekonstruieren. Auf einem alten Foto kann man die Uhr erkennen. Aber wo war das? Nach meiner Erinnerung hat die Uhr immer bei Oma-Höxter gestanden. Wie konnte sie zur Omi-Mülheim kommen? Das bleibt unklar. Jedenfalls hat meine Tante mir die Uhr Ende 1982 vermacht und ich habe sie mit dem VW-Bulli abgeholt und beim Uhrmachermeister Haselhorst reparieren lassen. Nun schlägt sie wieder. Und sie musste alle Umzüge mitmachen. Jetzt hat sie ihren festen Platz im Wintergarten. Dort steht sie gut. Das Gedicht, das meine Tante über die Uhr verfasst hat, gibt einigen Aufschluss über ihre Geschichte: 1912 hat mein Großvater die Uhr bekommen. Vor seiner Ehe, als Hochzeitsgeschenk und von wem? Seine Frau – unsere Oma Höxter – hat die Uhr nach dem frühen Tod ihres Mannes behalten. Sie stand immer in ihrem Wohnzimmer. Ich kann mich an die Uhr gut erinnern. In dem Gedicht von meiner Tante heißt es dann:

„Der alte Enkel sorgt nicht schlecht
Für meinen Gang und meine Pflege ..."

OPA, warte mal, „Gang und Pflege", wolltest du nicht über die Standuhr nachdenken?

Nachdenken, was meinst du?

Darüber, dass die Standuhr nachging und du den Bus ...

Ach, jetzt weiß ich was du meinst. Ich habe mich erkundigt.

Ja und?

Schau mal, hier ist das Pendel und darunter ist eine Schraube.

Kann man das Pendel verstellen?

Genau, das ist der Trick. Man kann das Gewicht des Pendels etwas nach oben oder nach unten verschieben.

Und dann?

Nach oben verschieben heißt, das Pendel schlägt schneller ...

... und nach unten verschieben, dann schlägt das Pendel langsamer

Genau.

Das müssen wir ausprobieren, Versuch und Irrtum!

Übrigens, das Gedicht geht aber noch weiter:

> *„Urenkelinnen sind sehr rege*
> *Ziffern und Stunden zu verstehn –*
> *So solln die nächsten 70 nun vergehn."*

OPA, weitere 70 Jahre? Lass mich rechnen. Das wäre von heute aus das Jahr 2091!

Lass mich auch mal rechnen: Dann wärst du ungefähr so alt wie ich heute bin.

Cool!

Ich würde das aus deiner Sicht eher „krass" nennen.

Aber hier steht 1982 auf dem Gedicht.

Stimmt. Die Tante hat das ja 1982 geschrieben und sie meinte 70 weitere Jahre von damals an.

Warte mal, das heißt 2052?

Genau. Wie alt wirst du dann sein?
Über 40 Jahre.
Also etwa so alt wie deine Eltern heute sind.
Echt cool!
Und deine Eltern ...
... sind dann auch Oma und Opas.
Das kommt darauf an.
Worauf?
Zum Beispiel auf dich! Vielleicht sitzt du dann mit Deiner
Familie, Deinen Kindern – meinen Urenkeln – auf einer
Terrasse und verzehrst zur Erinnerung an mich ...
... ein Schokoladeneis!

Familie ist dazu zu gehören und vertraut zu sein.

F amilie, die: „Lebensgemeinschaft der Eltern und ihrer un-
selbständigen Kinder", sagt das *Lexikon*. Opa überleg mal:
Lexikon? Da schaut man heute doch bei Wikipedia nach!
Dort findet man ganz unterschiedliche Angaben: Grund-
gebilde des menschlichen Zusammenlebens, meint die *Sozio-
logie*. Ihre Form unterscheidet sich und hängt stark ab von der
jeweiligen Gesellschaftsordnung, den kulturellen Gepflogen-
heiten und historischen Erfahrungen. Das *Grundgesetz* schützt
die Familie und verpflichtet den Staat, die Familie vor Beein-
trächtigungen zu bewahren und durch geeignete Maßnahmen
zu fördern. Manche sehen die Familien als die „Keimzelle des
Staates" an. In der *Literatur* eröffnet der erste Satz von Leo Tols-
tois Roman „Anna Karenina" einen interessanten Blick auf
Familien: „Alle glücklichen Familien gleichen einander, jede
unglückliche Familie ist auf ihre Weise unglücklich". „Unter
jedem Dach ein Ach", sagt der *Volksmund*. Denn die Familie ist
– wie einige sagen – kein Wunschkonzert. Es läuft nicht immer
alles nach Wunsch, vielmehr gibt es oftmals Überraschungen
und Dinge, die man so nicht erwartet oder gewollt hat. Plötz-

lich erfährt man von einer Halbschwester oder man bekommt
nach der Trennung der Eltern einen Stiefbruder oder ein Kind,
das behindert auf die Welt gekommen ist, stirbt unerwartet
oder oder.

Jede Familie – ob eher glücklich oder eher unglücklich – hat
ihre Geschichte. Manche sagen, Familie sei „Nest oder Pest."
Das ist eine Alternative, die der Wirklichkeit von Familien selten gerecht wird. Meistens ist es kein Entweder-oder, sondern
ein Sowohl-als-auch mit vielen Zwischentönen.

Jede Familie produziert ihren eigenen Stoff für Geschichten und Anekdoten, Sprüche und familieneigene Wörter, die
erzählt und weitergegeben werden. Dadurch werden sie bewahrt und bilden einen Schatz von Gemeinsamkeiten, sind
Zeichen von Zugehörigkeit, die nur diejenigen verstehen, die
zur Familie gehören. Familien halten gut zusammen, wenn
sie eigene Wörter für sich gefunden haben. Damit fühlt man
sich einander näher, weil man sich gut versteht und andere
nicht mitreden können. Eine Familie erfindet z. B. den Begriff
„Gehackter Hund" für ein Mischgetränk aus Cola und Apfel-
saft. In einer anderen haben zwei Schwestern sich angewöhnt,
einen Streit mit „Vertrago mago in chicago" zu beenden.

Wer gehört zur Familie? Familie ist Verwandtschaft. Andererseits sind die Enkelkinder in der Familie das Ergebnis familiärer Erweiterungen: Der Sohn, der heiratet,
bringt seine Frau mit in seine Herkunftsfamilie. Sie wird
dort zur Schwiegertochter, die sich einfinden und angenommen werden muss. Gleiches gilt für die Tochter, die
zur Schwiegertochter in der neuen Familie wird und ihren
Mann als Schwiegersohn in ihre Herkunfts-Familie mit-
bringt. In jedem Fall werden sich zwei – mehr oder weniger
unterschiedliche – Familien treffen und sich zusammentun
und miteinander auskommen müssen. Das kann so oder so ausgehen. Redewendungen und Sprüche werden sich vermehren.
Rituale und Gewohnheiten müssen ausgetauscht und Familien-
Geschichten neu erzählt werden.

In der Geschichte *Für Sama* wären ganz andere Familiengeschichten wichtig. Es würde dort wenig Platz für ein so unbe-
schwertes Zusammensein geben.

Wenn ich mich an solche Redeweisen erinnere: Meine Oma pflegte zu
sagen „Was Hänschen nicht lernt, lernt Hans nimmer mehr." Ich fand
diesen Satz immer doof. Was sie damit sagen wollte, würde ich heute so
beschreiben: Nutze deine Zeit jetzt, dein Gedächtnis ist gut, du lernst
schnell. Jetzt bin ich in der Opa-Rolle und verstehe gut, was gemeint
war. Ich bin alt und vergesslich und all das, was die Enkel mir über
dieses moderne Zeug erzählen – den TONIE und diese ganze Technik
– das kenne ich nicht, das gab es früher nicht. Ich lerne den nützlichen
Umgang damit heute nicht mehr oder nur noch mit großer Mühe.

OPA, wie findest du die Schürze von Oma?
> Welche Schürze?

Na die, die sie immer anzieht, wenn ich keine Lust habe,
Hausaufgaben zu machen.
> Ach die „Ohne-Fleiß-kein-Preis-Schürze".

Genau. Oma sagt dann, dass sie diese Schürze eben gerne
trage.
> Und du glaubst ihr nicht?

Ich glaube, sie will mir sagen „Hausaufgaben vor Fußball-
spielen"!
> Das könnte gut sein.

Und wo bleibt der Preis? Ich hab noch nie einen Preis für
fleißiges Hausaufgaben-Machen bekommen.
> Na ja, das mit dem Preis ist nicht so wörtlich gemeint.
> Man könnte auch sagen „Ohne Fleiß hast du weniger
> Chancen auf Erfolg".

Aber wenn ich von dir etwas erben würde, dann würde ich
das ohne Fleiß erhalten.
> Da hast du recht. Gibt es noch einen anderen Spruch, der
> bei jeder Gelegenheit von irgendeinem Familienmitglied
> benutzt wird?

Immer, wenn jemand was sucht und anfängt zu schimpfen, weil er es nicht findet, dann sagt Mama beruhigend: „Ein Haus verliert nichts." Ich finde das so komisch, ein Haus kann noch nichts verlieren.

Eben. Deshalb ist deine Mama immer zuversichtlich.

Es wird sich schon wieder finden.

Und dann kenne ich noch „Das haben wir schon immer so gemacht" und „Kalte Füße machen krank".

Meine Oma sagte immer: "Den Kopf halt kühl, die Füße warm, das macht den besten Doktor arm."

Meine Oma sagt zu mir, ich sollte mal kleine Brötchen backen.

Recht so.

Das ist doch ein blöder Spruch, ich bin doch kein Bäcker.

Stimmt, der Spruch kommt wirklich aus der Geschichte des Bäcker-Handwerks. Früher war der Brötchen-Preis festgeschrieben. Wenn das Mehl teurer wurde und die Bäcker mit ihrem Brötchen weniger verdienten, sind manche auf die Idee gekommen, einfach kleinere Brötchen zu backen.

Aha. *Nachdenklich – nach einer Pause:*

Also OPA, dann meinst du mit Familie wohl dasselbe wie Udo.

Wie Udo?

Ja, Udo Lindenberg

Udo Lindenberg? Der hat doch gar keine eigene Familie.

Aber ein Lied über ‚Unsere Familie' geschrieben.

Der?

Ja, der. *Die Enkel singen gemeinsam:*

> „Unsere Familie, kannste sicher sein, das bleibt;
> wir sind stärker als der Tod und als die Zeit;
> ewiges Band, das nie zerreißt;
> alles was ich will ist, dass du das auch weißt …"

Opa, wie viel ist ein Genogramm?

OPA, 500 Gramm sind doch ein Pfund, oder?

    Ja, genau.

Und 1000 Gramm sind dann ein Kilo-Gramm.

    Ja, aber das weißt du doch schon lange.

Opa, und wie viel ist ein Geno-Gramm?

    Wie kommst du denn da drauf?

Helene hat gesagt, ihre Mutter behauptet, jeder Mensch habe einen Platz in einem Genogramm.

    Ja, das stimmt.

Und wie viel ist jetzt ein Genogramm?

    Das hat mit dem Gramm als Gewichtseinheit nichts
    zu tun.

Och, schade.

    Genogramm ist ein zusammengesetztes Kunstwort.
    Gemeint ist damit die übersichtliche Darstellung ver-
    wandtschaftlicher Zusammenhänge.

Also zeigt es mich und meine Familie?

    Langsam: Stellt euch mal einen großen Baum vor.
    Den machen wir zum Stammbaum deiner Familie.

Über Familien, ihren Klatsch und Tratsch
und dass ‚Unter jedem Dach ein Ach' wohnt.

Kapitel III

Opa, ich bin ja doppelt da. Ich und Ich?

Also dieser Stammbaum hier zeigt deine Familie und deine Verwandtschaft. Du bist Ich und Ich, weil du etwas von deiner Mutter und von deinem Vater geerbt hast.

Die schwarzen Haare sind von Papa.

Und die braunen Augen ...

Vielleicht von Mama.

Die Verwandtschaft von Papa sind die blauen Kreise, die von Mama sind die roten.

Ganz schön viele!

Stimmt. Wenn alle Menschen, die sich noch in diesem Baum-Bild verstecken, sich zu zu einem große Familientreffen zusammen finden würden ...

... dann brauchten wir einen verdammt großen Saal.

Genau. Und viele Leute würdest du gar nicht kennen.

Weil sie schon gestorben sind?.

Ja, weil sie gestorben sind oder Geschwister deiner Großeltern sind, mit denen du noch gar keinen Kontakt hattest.

Meine Urgroßeltern leben ja auch schon nicht mehr.

Dieser Stamm-Baum würde vermutlich nicht reichen, um allen deinen Verwandten aus der Eltern und der Großeltern-Generation ihren Platz zu geben.

Opa, kann ich auch Fotos von meinen Verwandten in den Baum kleben?

Na klar. Du kannst auch das Geburtsdatum dazuschreiben und andere Informationen, z. B. Hochzeiten oder Scheidungen oder Todesfälle eintragen. Auf diese Weise gewinnst du einen guten und geordneten Überblick über deine Familie.

Ich glaube, ich male mir meinen eigenen Stammbaum. So einen großen Apfelbaum mit dicken roten Äpfeln und ...

Das ist eine gute Idee, ich sehe schon aus den Äpfeln die Gesichter deiner Eltern raus gucken ...

Nach einer längeren Pause mit intensivem Suchen nach den Personen und ihren Namen in dem Stammbaum:

OPA, Ibrahim aus meiner Klasse sagt, er gehöre zu einer Patchwork-Familie.

    Viele Enkelkinder gehören zu einer Patchwork-Familie! Du auch.

Was ist ein Patchwork?

    Patchwork ist amerikanisch und meint alles, was aus bunten Stoffen oder Lederflicken zusammengesetzt ist.

    Du kennst doch die bunte, aus verschiedenen Teilen zusammengesetzte Decke bei Oma. Eine Patchwork-Decke.

Ja, und was hat das mit der Familie zu tun?

    Es gibt auch Familien, die aus verschiedenen Familien zusammengesetzt sind.

Opa, du sprichst in Rätseln.

    Das nicht so kompliziert wie es aussieht. Ibrahim hat wahrscheinlich noch Halbgeschwister.

Halbe Geschwister?

    Ja, die haben die gleiche Mutter, aber einen anderen Vater oder umgekehrt.

Ah, wie bei meiner Tante, die auch einen Halbbruder hat.

    Genau so ist es.

Findet der auch einen Platz in diesem Baum?

    Jetzt wird es doch etwas kompliziert, muss ich zugeben.

    Denn das hängt an den Großeltern.

An Dir?

    Auch an mir, aber ich bin ja nur ein Großvater von Dir.

Ich hab noch zwei andere Opas.

    Und du hast auch drei Großmütter.

Genau.

    Schau mal, in diesem Baum sind die Eltern deiner Eltern, also deine Großeltern erkennbar. Das sind aber nur zwei Omas und zwei Opas.

Wir haben aber drei!

Genau. Das kommt daher, dass sich die Eltern deiner
Eltern vor längerer Zeit getrennt haben. Dann haben sie
erneut geheiratet und auf diese Weise habt ihr eine Oma
und einen Opa dazugewonnen ...

Es wird ja immer komplizierter.

Stimmt. Das mit den Patchwork-Familien ist eine eigene
Geschichte, die soll ein andermal erzählt werden.

Schade. Jedenfalls habe ich 6 Großeltern.

Und wenn sich die anderen Großeltern auch getrennt und neu
geheiratet hätten, dann hätte ich 8 Großeltern.

So ist es.

Opa, und die Kinder von deiner zweiten Frau, was sind die
für Dich?

Das sind meine Stiefsöhne.

Nicht deine echten Söhne?

Nein, sie waren sie schon erwachsen, als wir geheiratet
haben. Wir haben ja keine gemeinsamen Kinder.

Was ist, wenn man Geschwister von ganz anderen Eltern hat?

Das sind dann adoptierte „Geschwister" oder Pflegekinder.

Das ist ganz schön kompliziert.

Es gibt Situationen, in denen es noch komplizierter
werden kann.

Noch komplizierter?

Stell dir vor, die Eltern eines Kindes stammen aus verschiedenen Kulturen bzw. aus unterschiedlichen Ländern.

Wie Ibrahim!

*Wenn ich den Stammbaum anschaue, gerate ich ins Grübeln über das,
was nicht sichtbar geworden ist. Die Folgen des Zweiten Weltkrieges
haben in vielen Familien traurigen Spuren hinterlassen. Auch in meiner Familie. Mein Onkel Frieder ist 1944 im Zweiten Weltkrieg getötet
worden und niemand weiß, wo er begraben wurde.*

*Der Krieg hinterlässt Spuren im Leben der Menschen – die offen-
sichtlichen und die verborgenen. Das Interessante ist, dass auch
Menschen die Spuren des Krieges spüren, die den Krieg selbst nicht*

oder nicht bewusst erlebt haben. Die Journalistin und Schriftstellerin Sabine Bode nennt die zwischen 1935 – 1945 geborenen Menschen „Die vergessene Generation". Einige der Enkel- Großeltern gehören dazu. Ich fühle mich auch dieser Generation zugehörig, obwohl ich am Ende des Krieges geboren bin. Also eigentlich ein „Nachkriegskind" bin, wie Sabine Bode die 1950er Jahrgänge nennt. Ich gehöre irgendwie dazwischen. Aber ich habe über meine Eltern noch manche Kriegsfolge miterlebt – auch wenn ich mich daran nicht wirklich erinnern kann. Es gibt ein Buch über den Hungerwinter 1946/47 in Ostwestfalen-Lippe. Da heißt es an einer Stelle: „Was beim Wohnraum durch das engere Zusammenrücken sowie die zwangsweise Einquartierung von Flüchtlingen und Besatzungssoldaten vielleicht noch zu bewerkstelligen war, sah bei Lebensmitteln jedoch ganz anders aus. Die vielerorts einsetzende Kriminalität zur Deckung der Grundbedürfnisse führte dazu, dass selbst die Kirche für die Nöte der Menschen Verständnis zeigte und von dem strickten Befolgen der siebten Gebotes – Du sollst nicht stehlen – abrückte. Der Kölner Erzbischof Josef Kardinal Frings (...) gab dazu den Anstoß, dass „Mundraub und Kohlenklau" gemeinhin als „fringsen" bezeichnet wurden."

OPA, du hast gesagt, du seiest ein „Nachkriegskind".
Was sind dann unsere Eltern für Kinder?

>Die in den 1970er Jahren geborenen nennt die Journalistin Sabine Bode die „Kriegsenkel", das sind die Kinder der „Nachkriegskinder".

Aber die haben doch gar keinen Krieg erlebt.

>Ja, das stimmt. Aber die Bezeichnung ist dennoch passend. Man kann den Krieg „in den Knochen spüren", selbst wenn man weder Krieg erlebt noch eigene Erinnerungen daran hat.

Und wir, was sind wir jetzt, die Kinder der Kriegsenkel?

>Ihr seid die die „Wohlstandskinder" des 21. Jahrhunderts.

OPA, hast du noch andere Wohlstandskinder außer uns?

>Da muss ich erst mal überlegen. Das müssten ja dann Kinder von meinen Cousins und Cousinen sein, also Kinder der Kinder von den Geschwistern meiner Eltern.

Wie viele Geschwister hatten denn deine Eltern eigentlich?

> Mein Vater hatte nur einen Bruder wie du und meine
> Mutter hatte zwei Schwestern. Ich habe zwei Cousins und
> zwei Cousinen. Die haben auch Kinder und mittlerweile
> auch Enkelkinder.

Auch ohne Enkelkinder würde der Stammbaum noch ganz
schön wachsen müssen.

> Genau, und noch viel komplizierter werden. Denn deine
> anderen Opas und Omas haben ja auch Geschwister und
> deren Kinder ...

Oh je, hör auf, jetzt schwirrt mir der Kopf.

> Du hast Recht. Das wäre mal eine Arbeit für einen
> gemeinsamen Familienstammbaum.

Da brauchen wir ein DIN A2 Blatt ...

> ... aber das soll ein andermal gemacht werden!

Familien-Geschichten.

„Opa, erzähl noch mal die Geschichte, als damals ...“ Wer
ist für das Erzählen der Familien-Geschichten zustän-
dig? Meistens die Großeltern. Sie überblicken drei Generationen, haben also viel zu erzählen. Sie erinnern sich vor allem
an die Geschichten, die sie selbst erlebt und die sie emotional
berührt haben. Zum Beispiel Tante Grete, keine richtige Tante,
sondern der Inbegriff einer lieben (aus damaliger Sicht) nie al-
ternden älteren Frau – klein, rundlich, freundlich mit grauen
Haaren und Knoten – die bei meinen Besuchen im Rumbach-
tal immer etwas auftischte. Vor allem frisches Graubrot mit
Rollschinken. Hm, so lecker!!! Es war Rübenkraut, das es so bei
uns zu Hause nicht gab.

Alle Geschichten sind subjektiv. Sie gehören zu der Person,
die erzählt. Deren Erinnerung wird mit-bestimmt von der er-
lebten Familiensituation: Ob sie als Einzelkind oder mit Ge-
schwistern aufgewachsen ist, ob sie ein Junge oder ein Mädchen

ist, wer ihre Eltern sind und wo das Elternhaus stand. Diese Umstände beeinflussen die Formen des Austausches, des Erzählens, des Verhaltens – kurz: alle zu erzählenden Geschichten.

Es gibt die Geschichten von den EIGENEN KINDERN – fröhliche und traurige. Wie sie eine Hütte bauten und darin ein Büro einrichteten und meinten, sie gründeten jetzt mal eine Partei, die LWP, die „Lebenswichtige Partei". Geschichten von den Krankheiten der Kinder und den Sorgen. Schließlich sind die Großeltern Gesprächspartner für die Enkelkinder und pflegen so die Familiengeschichten: „Opa, erzähl noch mal, wie Du mit dem Regenschirm auf ein Autodach geschlagen hast, weil der Autofahrer Anstalten machte, auf dem Zebrastreifen einfach auf uns zuzufahren ...". Familiengeschichten sind notwendig, um die Dazugehörigkeit zu festigen, um sich gegenseitig in schweren Situationen zu stärken und an die eigene Herkunft zu erinnern. Ob das heute noch in dem gleichen Maße wie im vorigen Jahrhundert gilt – heute in Zeiten des „Netz-Betriebs" in den Familien – mag dahinstehen.

Die Gelegenheiten und Anlässe, um die sich in vielen Familien die Geschichten ranken, sind häufig Ereignisse an Fest- und Feiertagen. WEIHNACHTEN steht wahrscheinlich – ungeachtet der religiösen Orientierung – an erster Stelle. „Weihnachten, das ist für mich das Weihnachtsoratorium von Bach. Von Kindestagen an höre ich das Oratorium. „Jauchzet, frohlocket, auf, preiset die Tage ..." Erst dann kann es Weihnachten werden." Oder: „Nein, für mich ist der Weihnachtsbaum unerlässlich. Ökologie hin oder her, ein Baum muss sein. Am besten, wenn wir ihn selbst geschlagen haben!" Oder: „Das Wichtigste war das Schmücken. Ich erinnere mich noch an die silbernen Lametta-Fäden, die am Ende über die Zweige gelegt wurden, gelegt werden mussten, da waren sich alle einig." Oder: „Ja, und wenn wir Kinder dann an Heiligabend lange genug gewartet hatten, kam unser Vater mit dem Glöckchen und sagte, er

käme gerade aus dem für uns bis dahin verschlossenen Wohnzimmer und „Es sei was da ...!" Oder: "Die Krippe!" Ich erinnere mich noch genau an die Krippe, es war eine ganz alte Krippe
von Oma oder Ur-Oma oder wer weiß von wem. Wir durften
sie aufstellen und es ging zwischen uns oft darum, eine neue
Stallordnung zu erfinden." Oder: „Für mich war das Krippen-
spiel in der Schule der Höhepunkt. Wer durfte wen spielen,
das war eine kniffelige und schwere Frage und brachte oft große Enttäuschung mit sich. Es gibt ein Foto, auf dem stehe ich in
einer Felljacke und mit einem Hut auf dem Kopf neben Maria
an der Krippe. Wie das aussah!" So eine Fülle von Geschichten.

Vor kurzem erschien eine kleine Serie von Geschichten in
der Lokalzeitung, in der LeserInnen aus FÜNF JAHRZEHN-
TEN ihr Weihnachten schilderten. In den 1960ern: Ein roter
Tretroller und ein echter Kaufladen: Kartoffelsalat und Würst-
chen, von Mutter handgemacht. Die 1970er: Im Farbrausch,
die Gelb-Orange-Braun Farbkombination und das Farbfernse-
hen. Die 1980er: In der Weihnachtsbäckerei, das Lied von Rolf
Zuckowski (das bis heute noch gesungen wird) auf dem Kasset-
tenrekorder, Barbie-Puppen und manchmal auch Schnee. Die
1990er: UNO spielen, Flips und Fanta reichlich und der top-
moderne Filzrock meiner Mutter. Die 2000er: Echte Kerzen am
und Technik unterm Baum – Playstation 2 – und aus der Familie meines Vaters Bratwürstchen mit Rotkohl und Kartoffeln.
Die 2010er: In Zeiten des Internet – weniger Weihnachts-
stress mit den Wunschlisten auf Kosten der Weihnachtsmagie
(sprich Überraschungen unter dem Weihnachtsbaum) und das
geliebte Weihnachtslied von Mama und Papa aus dem Internet.
Und jetzt beginnen – spätestens mit den 2020er Jahren – eure
eigenen Erlebnisse Gestalt anzunehmen. Habt ihr schon eigene
Weihnachtserinnerungen? Familiengeschichten – fröhliche,
traurige, witzige, ärgerliche, bleibende?
SPIELE spielen an den Festtagen. Wenn ich an die Mensch-
ärgere-dich-nicht Zeiten denke. Beim Spielen gab es neben
dem Spaß auch Konflikte: „Du hast geschummelt! – Nein, ich

habe hier gestanden. – Aber es war keine sechs, es war Kippe, das gilt nicht. – Doch, das haben wir immer so gespielt ..." und so weiter und so fort. Diese Spiele waren eine der ersten, oftmals bitteren Lektionen in Sachen Regeln und Fairness. Deine Mutter hat mehrfach die Steine vom Spielfeld gefegt, wenn sie mal wieder rausgeschmissen wurde. Und du hast bitterlich geweint, als im Spiel deine Mutter kurz vor dem Ziel rausgeflogen ist. Und wie dein Bruder sich gefreut hat, als er seine Schwester rausschmeißen konnte – und gezögert hat, als er seine Mutter hätte schmeißen können. Und ihr beiden konntet euch besonders ärgern, wenn ihr verloren habt. Gesellschaftsspiele – in den allermeisten Familien eine ständige Quelle von Freude und Leid – und eine Chance zu lernen, dass Konflikte immer dazu gehören und wie man sie kreativ beenden kann.

OPA, lies bitte mal die Geschichte von Tomi Ungerer „Die drei Räuber".

    Das ist doch ein Kinderbuch von ...

Vorne steht der Name meines Vaters drin.

    Tatsächlich, das Buch musste Oma ihm früher immer
    wieder vorlesen

Jetzt liest du es mir vor.

    Schau mal diese Flecken im Buch, da hat dein Vater Cola
    vergossen. Was gefällt dir an der Geschichte so sehr?

Ich habe Mitleid mit dem Waisenkind.

    Du hast glücklicherweise zwei Eltern.

Aber Helene sagt, ihre Mutter habe demnächst nicht mehr so viel Zeit für sie.

    Wahrscheinlich hat sie eine neue Arbeit gefunden und ...

Ja, sie muss jetzt mehr arbeiten, weil ...

    ... weil?

Weil, hat sie gesagt, ihr Papa aus der Wohnung ausziehen würde.

    Das ist eine traurige Geschichte. Haben die Eltern Helene
    erklärt, warum sie sich trennen werden.

Sie würden sich nur noch streiten und Papa würde seine
Arbeit mehr lieben als Mama. Bald habe ich ein Papa-Haus
und ein Mama-Haus… sagt Helene.

So ist das: Unter jedem Dach ein Ach. Das, was man gerade
selbst erlebt, ist regelmäßig das Schlimmste und Schmerz-
lichste und Traurigste, was man sich vorstellen kann. Es macht
keinen Sinn, die „Achs" miteinander zu vergleichen und zu
bewerten. Jedes „Ach" braucht Kraft und Zuversicht zu seiner
Bewältigung. Ob es sich um Krankheiten handelt; oder um
Kinder, die in eine Pflegefamilie kommen; oder ob Familien
räumlich getrennt werden – aus welchen Gründen auch immer.

OPA, noch eine Frage: Warum lebt deine Schwester in
Südamerika?
    Das ist eine lange Geschichte …
… und die soll ein andermal erzählt werden?!
    Genau.
Aber deine Schwester hat doch Kinder.
    Einen Sohn.
Ist der mit uns verwandt?
    Natürlich, er ist mein Neffe.
Und von unseren Eltern …
    … ein Cousin.
Und von uns?
    Ich glaube ein … ich muss nachgucken.
Wann können wir den mal kennenlernen?

Rituale und Bräuche sind „Migranten", sie reisen mit aus der
Ferne und meistens aus der Ferne der Kindheit. So ist das mit
den Geschichten zu Weihnachten. Ähnliche Geschichten ließen sich wahrscheinlich von OSTERN erzählen. Eier anmalen;
ganz wichtig und noch bedeutsamer, das Ostereisuchen im Garten. Ich höre noch meine Mutter: „Da waren doch vier große
Schokoladeneier, ihr habt nur drei gefunden. Da muss doch

irgendwo eins sein, wo habe ich das nur versteckt?" Und alle machten sich auf die Suche nach dem vierten Ei.

Ganz viele Geschichten knüpfen an den eigenen VORNAMEN an. Jedes Jahr gibt es eine Liste der beliebtesten Vornamen. Bei den Jungen lag *Ben* voriges Jahr zum 9. Mal weit vor *Paul*; bei den Mädchen war es *Emma* zum 4. Mal knapp vor *Emilia* und *Hannah*. Dieses Jahr sind *Hanna*, *Emma* und *Mia* sowie *Noah*, *Ben* und *Paul* die Favoriten. Vor knapp 30 Jahren wurden die Vornamen noch getrennt gelistet: in den alten Bundesländern waren es *Julia* und *Alexander*; in den neuen Bundesländern *Lisa* und *Philipp*. *Ben* und *Emma* waren unter den 10 beliebtesten Namen weder im Westen noch im Osten vertreten. Es scheint also wirklich „Namensmoden" und „Namenslandschaften" zu geben.

Wer würde heute noch sein Kind Adolf nennen? Vor 50 Jahren wäre niemand auf den Gedanken gekommen, seiner Tochter den Namen Chantal zu geben. Das Spannende ist, hinter jedem Namen steht eine Geschichte, die uns – ob wir es wissen oder nicht – begleitet: Florian z. B. kommt vom lateinischen flos, floris: die Blume, Blüte oder von florus: blond, oder auch blühend. Daran knüpfen sich dann über die Jahre Zuschreibungen: Florian strahle eine positive Lebensgrundstimmung aus und sei zumeist optimistisch eingestellt. Oder Clara, früher meist mit K geschrieben, kommt vom lateinischen Wort clara, hell, leuchtend. Zu Clara gehöre eine optimistische und helle Ausstrahlung, wird gesagt.

Und erst die NACHNAMEN: häufig oder selten, kurz oder lang, selbst erklärend oder zu Wortspielen anregend, geläufig oder fremd klingend. Mit diesen Alternativen ist schon eine Fülle an Geschichten mit der jeweiligen Person verknüpft. Oft führt der Name zu Fragen, die das Erzählen solcher Geschichten ermöglichen kann. Ich liebe das Foto, auf dem eure Mütter bzw. Tanten sich um ein Straßenschild hangeln, auf dem „Glene-

Über Familien, ihren Klatsch und Tratsch
und dass ‚Unter jedem Dach ein Ach' wohnt.

Kapitel III

talstraße" steht in einem Ort bei Hannover, wo die Glene fließt und unser Nachname herkommen soll.

OPA, mein Bruder hat gesagt, du hättest mal gesagt, Namen sind Schall und Rauch.

> Nein, das hat er bestimmt missverstanden. Es gibt viele Menschen, die das meinen. Ich finde Namen sehr wichtig. Viele Namen spiegeln den Beruf, den jemand ausgeübt hat. Müller, Bäcker, Schneider ...

... oder Bauer.

> Viele Namen sagen etwas über die Herkunft aus. Wenn jemand Bäuerle heißt, kommt er aus dem süddeutschen Raum.

In meiner Klasse gibt es türkische und arabische Namen.

> Das wird jetzt mit den vielen Flüchtlingen, die vor den Kriegen fliehen mussten, immer selbstverständlicher werden. Ich habe große Schwierigkeiten, die Namen korrekt auszusprechen, geschweige denn, sie mir zu merken.

Aber die türkischen wirst du dir doch hoffentlich merken können.

> Das versuche ich und du bist unser bester Trainer.

Genau, mit Papa spreche ich ja meistens türkisch und wenn wir in Istanbul sind sowieso.

> Das Spannende ist – so eine Situation gab es nach dem zweiten Weltkrieg schon einmal bei uns. Da gab es viele Flüchtlinge aus Polen. Viele der Namen sind im Ruhr-Gebiet über den Fußball-Club Schalke 04 bekannt geworden ...

Kevin Kurany

> Nein, Willi Koslowski

Ja, Mesut Özil

> Rüdiger Abramczik

Leroy Sané

> Karl-Heinz Kuzmierz

Omar Mascarell ...

MOBILITÄT scheint ein Grundbedürfnis von uns Menschen zu sein. Mobil heißt beweglich; Mobilität ist die Bewegungsmöglichkeit (und die Bewegungsfreiheit) sich von einem Ort an den anderen bewegen zu können und zu dürfen. Heutzutage erscheint es uns völlig selbstverständlich, durch Mobilität die Grenzen des eigenen Zuhause überschreiten zu können.

OPA, du weißt doch, dass wir kurz vor Weihnachten nach Stuttgart gefahren sind, um unseren kranken Opa zu besuchen.
　　Wie lange hat die Zugfahrt denn gedauert?
Hin ging alles gut, aber auf der Rückfahrt hatte ein Zug Verspätung und wir haben den Anschluss verpasst, da waren wir lange unterwegs.
　　Früher wären das sehr langwierige Reisen geworden.
　　Mit der Postkutsche ...
Das geht heute schnell. Ozan fliegt ja immer zu seinen Großeltern nach Istanbul.
Und meine Freundin mit ihren Eltern nach Irland.
Und meine Cousins nach Holland.
　　Mobiles Herkunfts- und Namens- und Sprach-Patchwork.

Wenn ich an meine Mobilitäts-Erlebnisse denke, du liebe Güte, kommt mir sofort das Bild von einem Friedhof in den Sinn: Wir haben mitten in der Großstadt gewohnt. In einer schönen Wohnung. Alles war zu Fuß erreichbar. Zur Arbeitsstelle mit dem Rad, herrlich.
Das wurde anders mit der Geburt unseres ersten Kindes. Für kleine Kinder ist die Stadtluft belastend. Es fehlt an Grün. An Auslauf und Spielplätzen. Unsere Tochter ist in den ersten zwei Lebensjahren auf dem Friedhof groß geworden. Es gab einen alten, mit großen Bäumen bewachsenen Friedhof mitten in der Stadt. Dorthin führten uns die Ausflüge mit dem Kinderwagen.
Deswegen sind wir aufs Land gezogen. Als sich die Gelegenheit dazu ergab, mussten wir nicht lange überlegen. In einen alten Kotten. Mitten in den Feldern. Dort haben wir gelernt, die Getreidearten unterscheiden zu können. Welche Kinder können das heute noch? Wo haben sie

eine Möglichkeit, Gerste und Weizen auseinander zu halten? Hafer ist ja einfach zu erkennen. Und Roggen und Gerste verwechsele ich bis heute noch. Der Umzug auf das Land war allerdings auch ein Umbruch, in jeder Beziehung: Das freie Feld vor der Nase, aber keine öffentliche Verkehrsanbindung; Ruhe und frische Luft, aber keine Freunde für spontane Besuche in der Nähe; das Auto wurde zum notwendigen Transportmittel für alles und jeden Tag. Aber es ging meistens gut, irgendwie.

Die Probleme der alltäglichen Mobilität kennen die meisten Familien auf diese oder eine ähnliche Weise. Man muss mobil sein wegen der Besuche beim Arzt, wegen des Arbeitsplatzes, wegen der Versorgung von Familienangehörigen. Seit dem ersten Corona-Lock-Down wissen wir, dass Freizügigkeit ein ganz besonders kostbares Gut ist.

OPA, was ist Freizügigkeit eigentlich?
> Das ist ein Grundrecht. Nach Artikel 11 genießen alle
> Deutschen Freizügigkeit ...
Opa! Bitte in leichter Sprache!
> Entschuldigung, ihr habt recht. Also Freizügigkeit ist das
> Recht, ungehindert an jeden Ort in Deutschland reisen
> zu dürfen und sich sogar wo man will eine Wohnung zu
> suchen.
Corona sieht das aber anders!
> Ja, das sieht auf den ersten Blick so aus. Im Grundgesetz in
> Artikel 11 ist aber ganz genau festgelegt, dass dieses Recht
> nur unter ganz besonderen Bedingungen eingeschränkt
> werden darf.
Und sind diese besonderen Bedingungen jetzt da?
> Ja, Einschränkungen sind zulässig zur Bekämpfung von
> Seuchengefahr oder besonders schweren Unglücksfällen.
Aber wenn wir zu Oma nach Amsterdam reisen wollten ...
> Das hängt dann von den europäischen Regelungen ab. Die
> offenen Grenzen in Europa sind wohl längst nicht so selbst-

verständlich, wie wir in den letzten Jahrzehnten geglaubt haben. Und ihr habt es nie anders erlebt – bis Corona.

OPA, Guck mal, was wir in der Enkel-Kiste gefunden habe: Eine Postkarte aus New York, auf der steht *Neu-Amsterdam*. Amsterdam ist doch in Holland, da waren wir schon mal.

Stimmt, Neu-Amsterdam liegt wirklich in Amerika und die Erklärung ist relativ einfach. Vor über 400 Jahren sind niederländische Geschäftsleute mit dem Schiff nach Amerika gefahren und im heutigen New York gelandet. Sie erkannten die gute Lage dieses Ortes und begannen mit der Besiedlung. Klar, dass sie in Erinnerung an ihre Herkunft diesen Ort Neu-Amsterdam nannten.

Krass.

Erst nachdem die Engländer in einem Krieg die Niederländer besiegt hatten, wurde Neu-Amsterdam in New York umgetauft.

Warum wollten die Menschen überhaupt nach Amerika ziehen?

Vor über 100 Jahren zum Beispiel gab es in Europa Armut und Hunger. Deshalb wanderten viele Iren, Italiener und Deutsche nach New York aus. Sie kamen in der Hoffnung auf ein besseres Leben.

Total Krass.

In der Stadt bildeten diese Menschen eigene Stadtviertel. Noch heute spricht man von „Little Italy". Wenn man sich die Landkarte von Nordamerika anschaut, findet man entlang der Ostküste viele Namen, die einem aus Deutschland bekannt, sind wie Stuttgart, Augsburg, Berlin und Heidelberg.

Vielleicht sollten diese Namen sie an ihr Zuhause erinnern?

Ja, wahrscheinlich, Erinnerung an die alte Heimat.

In ihrer neuen Heimat.

Genau, und im Laufe der Zeit klingen diese Namen dann auch ein bisschen amerikanisch.

Opa, es gibt auch Orte, die heißen wie Vornamen!

Wie kommst du denn da drauf?
Achim z. B.
Ja und?
Meine Tante wohnte in einem Ort, der heißt so wie mein
Onkel: Achim.
Wohnte?
Tante Marianne ist doch gestorben.
Ihr seid doch auf ihrer Beerdigung gewesen?
Ja.
Das war sicher sehr traurig für euch.
Ja.
Jetzt könnt ihr sie nur noch an ihrem Grab besuchen.
Oder einfach so an sie denken. Ich habe noch ein altes Lese-
buch von ihr.
Ja. *Nachdenkliche Pause.*

OPA, kann ich die Standuhr erben, wenn du tot bist?
Noch bin ich ja nicht gestorben.
Aber Opa, du bist doch schon ganz schön alt.
Du meinst, dann sei es Zeit zu sterben ...
Opa, du willst mich nicht verstehen.
Doch, ich verstehe dich sehr gut und denke gerade an den
Spruch meines Vaters: Sterben macht Erben und erben
bringt Scherben.
Wieso Scherben?
Leider gibt es ganz oft in den Familien Streit um das Erbe
des Verstorbenen. Und ich habe 5 Enkelkinder, wenn nun
jedes Enkelkind diese Standuhr gerne hätte?
Ich hab schon mit meinem Bruder gesprochen. Der ist nicht
interessiert.
Ich sehe, du hast ein ernsthaftes Interesse. Ich könnte
in meinem Testament schreiben, dass du die Standuhr
bekommst.
Und was kriegen dann die anderen?
Bevor ich das verbindlich aufschreibe, werde ich alle fragen.

Opa, was steht in so einem Testament?

> Wer was erben soll und was mit meinen gesammelten
> Sachen passiert – vor allem mit der geliebten CHRONIK
> des vorigen und dieses Jahrhunderts im Keller – und wie
> ich mir meine Beerdigung wünsche.

Wie wünscht du sie dir denn?

> Auf der Trauerfeier sollt ihr dieses Lied singen:
>
> „Von guten Mächten treu und still umgeben,
> behütet und getröstet wunderbar,
> so will ich diese Tage mit euch leben
> und mit euch gehen in ein neues Jahr."

Aber Opa, du lebst doch dann nicht mehr, wie willst du da mit
uns in ein neues Jahr gehen?

> Du Neunmalkluger. So lautet die erste Strophe des Liedes
> von Dietrich Bonhoeffer aus dem evangelischen Gesang-
> buch, geschrieben an Weihnachten 1944. Vielleicht soll-
> tet ihr dann einfach auch noch die siebte Strophe singen:
>
> „Von guten Mächten wunderbar geborgen
> Erwarten wir getrost, was kommen mag.
> Gott ist bei uns am Abend und am Morgen,
> und ganz gewiss an jedem neuen Tag."

Ich glaube, das haben wir auf der Trauerfeier für Marianne
auch gesungen. *Nachdenkliche Pause. Dann unvermittelt:*

OPA, glaubst du an Gott?

> Ja.

Warum?

> Vielleicht sollten wir das Thema auf später verschieben.

Ich glaube nicht an Gott, wir haben auch keinen Religions-
unterricht und ich bin auch nicht getauft.

> Also nicht verschieben?

Nein, ich will wissen, warum DU an Gott glaubst.

> Du bist ganz schön hartnäckig. Also gut, ich versuche es
> mal: Du hast ja Gott sei dank – oh je, diese Redewendung
> ist wie selbstverständlich in die Alltagssprache eingegan-

gen und leider schon zur Floskel geworden – also glücklicherweise hast du gefragt, ob ich an Gott *glaube*, und
glauben ist ja nicht dasselbe wie wissen. Also ich glaube
an Gott als einer übermenschlichen Instanz, weil ich
sonst die Entstehung der Welt nicht begreifen kann.
Aber die Naturwissenschaften können doch alles erklären.
Soweit ich weiß eben nicht. Aber darüber brauchen wir
nicht zu streiten, denn niemand kann beweisen, dass es
einen Gott gibt und niemand kann das Gegenteil beweisen. Deswegen bleibt nur der Glaube. Ich könnte auch
sagen, ich glaube an die Hoffnung, dass es einen Gott
geben kann.
Hm.
OPA, noch eine einzige Frage: mein Bruder hat behauptet, du
hättest zu meinem Cousin gesagt, es gäbe ein Lieblingsenkel-
kind von dir.
Wie kommst du denn auf so eine komische Idee?
Wieso komisch? Du hast gesagt, du hättest auch Lieblings-
bücher.
Das ist was ganz Anderes.
Finde ich nicht.
Doch, ist es.
Egal, aber hast du eines ...?

Der Wandel ist eine Schnecke.

Es ist gerade mal gut 100 Jahre her, dass der Acht-Stunden-
maximal-Arbeitstag festgeschrieben wurde. 8 Stunden arbeiten, 8 Stunden schlafen, 8 Stunden Mensch sein, lautete die
Losung. Aber wie in der industriellen Revolution im 19. Jahrhundert führte das sogenannte Wirtschafts-Wunder nach dem
Zweiten Weltkrieg zu steigenden Arbeitszeiten: 48 Stunden
verteilt auf sechs Tage. Auf meinem Schulweg kam ich immer
am Gewerkschaftshaus vorbei. Dort hing ein Plakat: Zu sehen

war ein entschieden fröhlich drein blickender Junge, er zeigt mit dem ausgestreckten Finger auf den Betrachter. In schwarzer Schrift auf gelbem Grund stand zu lesen: „Samstags gehört Vati mir". So warben die Gewerkschaften in den 50er Jahren für die fünf Tage Woche. Erst seit 1995 gibt es in bestimmten Branchen eine tarifvertraglich vereinbarte 35-Stunden-Woche.

OPA, haben die sieben Geißlein in dem Märchen eigentlich keinen Vater?

> Wieso denkst du denn jetzt an die Geißlein?

Eine Familie ohne Vater, das geht doch gar nicht.

> Eigentlich nicht.

Eigentlich ...?

> Weil sich in unserem Bild von Familie so viel verändert hat.

Mit den Vätern?

> Ja, auch mit den Vätern. Die alte Geiß im Märchen war möglicherweise eine alleinerziehende Mutter.

Gibt es denn auch alleinerziehende Väter?

> Ja, aber weniger.

Warum?

> Das ist eine schwierige Frage.

Versuch es mal.

> Ein Grund ist, weil die Frauen die Kinder kriegen. Sie haben eine andere Beziehung zu ihnen, nach den neun Monaten in ihrem Bauch und nach der Geburt.

Gibt es noch einen anderen Grund?

> Bisher verdienen Männer immer noch mehr als Frauen in ihren Berufen. Über lange, lange Zeit war es dann selbstverständlich, dass der Mann das Geld verdient und die Frau die Kinder versorgt.

Ist das heute auch noch so?

> Das hat sich schon sehr verändert. Sieh mal wie das bei deinen Eltern ist: Die arbeiten beide und teilen sich die Hausarbeit auf.

Über Familien, ihren Klatsch und Tratsch
und dass ‚Unter jedem Dach ein Ach' wohnt.

Kapitel III

Opa, Lissy hat gesagt, sie kenne jemanden, der habe zwei Mütter?
> Ja, das stimmt.

Und zwei Väter?
> Das gibt es auch.

Versteh ich nicht.
> Ist auch sehr kompliziert.

Immer, wenn du etwas nicht erklären willst, ist es zu kompliziert.
> Das ist ein wirklich kompliziertes Thema, das soll ein
> andermal erzählt werden.

Langes schweigendes Nachdenken:

OPA, Kann es dann Kinder geben, die ihren Vater gar nicht kennen?
> Ja, das ist möglich. Aber das hat es auch schon zu den
> Zeiten gegeben, in denen nur ein Mann und eine Frau
> Eltern sein konnten.

Das verstehe ich nicht.
> Ein Mann konnte mit einer anderen Frau als seiner Ehe-
> frau ein Kind haben. Das waren damals die sogenannten
> *unehelichen* Kinder, die oftmals sehr benachteiligt wurden.
> Und vielfach haben die Väter ihre Vaterschaft geleugnet.
> Die Mutter stand dann alleine da und das Kind kannte
> seinen Vater nicht.

Das ist aber ungerecht.
> Stimmt.

Und heute?
> Heute ist das grundsätzlich anders.

Grundsätzlich?
> Das sagt man, wenn etwas auf dem Papier steht, aber
> in der Wirklichkeit nicht immer danach gehandelt wird.

Und was steht auf dem Papier?
> Das wichtigste Papier mit unseren Regeln ist das Grundgesetz.

Das ist doch die Verfassung, hat unser Lehrer erklärt.
> Da steht wortwörtlich drin: „Männer und Frauen sind
> gleichberechtigt."

Dann ist doch alles geklärt – für die Frauen.

Der nächste Satz lautet allerdings: „Der Staat fördert die tatsächliche Durchsetzung der Gleichberechtigung von Männern und Frauen ...“

Aha!

Was meinst du mit Aha?

Es gibt also noch keine tatsächliche Gleichberechtigung zwischen Männern und Frauen.

Du hast das Problem erkannt. Der Satz geht nämlich noch weiter: „ ... und der Staat wirkt auf die Beseitigung bestehender Nachteile hin.“

Und tut er das?

Ja, aber er lässt sich viel Zeit.

Du hast gesagt, das Grundgesetz sei 71 Jahre alt geworden.

Er lässt sich viel Zeit, weil viele Männer sich so erfolgreich gegen mehr Tempo wehren können. Ihnen kommt das gerade recht, wenn die Unterschiede zwischen Männern und Frauen erkennbar bleiben, sich manchmal sogar gar verstärken ...

OPA, noch eine Frage: Mein Lehrer hat gesagt, in Saudi-Arabien würden Frauen unterdrückt.

Ja, und wie?

Sie dürften nicht selbst bestimmen, nicht allein ausgehen, bräuchten für alles einen männlichen Vormund. Sogar Autofahren dürften sie nicht.

Das stimmt, aber ...

Opa, „aber“ heißt ...

Aber wir sollten nicht auf dem hohen Ross sitzen.

Wo sollten wir deiner Meinung nach sitzen?

Wir sollten auch unsere eigene Entwicklung in Sachen Gleichberechtigung nicht vergessen.

Charlys Vater hat gesagt, bis 1970 hätten die Frauen in Deutschland nicht in Vereinen Fußball spielen dürfen.

Da hat Charlys Vater ausnahmsweise mal recht. Das ist ein gutes Beispiel ...

Opa, erzähl mehr.

    1954 gewann die Deutsche Männer-Fußball-National-
Mannschaft die Weltmeisterschaft.

Gegen Ungarn mit 3:2.

    Genau, und jetzt sagten die Frauen, wir wollen auch – und
zwar gut organisiert in Vereinen – Fußball spielen.

Gute Idee.

    Der DFB, der Deutsche Fußballbund, entschied 1955:
Den Fußballvereinen wird nicht gestattet, Damen-Fuß-
ball-Abteilungen zu gründen. Den Schiedsrichtern wird
untersagt, Damenfußballspiele zu leiten.

Wie wurde das denn begründet?

    Diese „Kampfsportart sei der Natur des Weibes im We-
sentlichen fremd." Körper und Seele würden unweigerlich
Schaden erleiden. Die Zurschaustellung des weiblichen
Körpers verletze Schicklichkeit und Anstand.

Und heute?

    Heute haben wir eine gute Frauen-National-Mannschaft
und eine Frauen-Bundesliga ...

Also alles ist gut?

    Auf gutem Weg. Aber die Frauen verdienen auch im Fuß-
ball viel, viel weniger als die Männer.

Charlys Mutter hat gesagt, Frauen hätten auch keinen Hosenanzug tragen dürfen.

    Charlys Mutter hat wohl an ein Ereignis im Bundestag
gedacht. 1970, also in dem Jahr, in dem der DFB den
Frauenfußball endlich erlaubte, hielt eine Abgeordnete im
Bundestag eine Rede. Sie trug dabei einen beigefarbenen
Hosenanzug mit hochgeschlossener Kostümjacke.

Wie Frau Merkel.

    Ja, aber damals war das etwas völlig Neues. Im Bundestag
und in Teilen der Presse brach ein Sturm der Entrüstung
los. Sie sind ein „würdeloses" Weib, hieß es. Sie erhielt
beleidigende Briefe, heute würden wir von einem Shit-
storm sprechen.

Du meinst also, Saudi-Arabien befindet sich noch auf dem mühsamen Weg zur Gleichberechtigung?

So könnte man sagen.

Opa, sagst du deshalb auch immer, dass der Wandel eine Schnecke ist?

Ja, der Wandel ist eine Schnecke. „Das haben wir schon immer so gemacht" ist ein Satz, der nachhaltige Wirkung zeigt. Wirkliche Veränderungen brauchen meistens mehrere Generationen.

Mehrere Generationen?

Eine Generation wird mit etwa 30 Jahren gerechnet. Die Sache mit dem Frauen-Fußball hat ungefähr eine Generation gebraucht; es hat eine Generation gedauert, bis mit Angela Merkel der Hosenanzug im Bundestag zu einem normalen weiblichen Kleidungsstück geworden ist ...

Wenn wir 30 sind, dann ...

... werdet ihr euren Kindern vielleicht auch Familiengeschichten erzählen und dann werdet ihr wissen, ob der Wandel immer noch eine Schnecke ist.

OMA, kürzlich hat Opa zu mir gesagt, ich
benähme mich wie ein Elefant im Porzellanladen.

Er wird schon seinen Grund gehabt haben.
Hast du schon mal einen Elefanten im Porzellanladen gesehen?

Nein.
Siehste.

Siehste was?
Ein blöder Spruch.

Nicht wenn du die andere Hälfte dazu
nimmst.
Welche Hälfte?

Vorsicht ist die Mutter der Porzellankiste.
Ja, *Pause* das könnte stimmen ...

Enkel sind das Dessert des Lebens

Kapitel IV

Über Eltern und Großeltern,
die auch einmal Kinder waren.

Die Standuhr – Ein Zeichen für Übergänge.

Die uns begleitende Standuhr könnte ein Hochzeitsgeschenk an ein Brautpaar im Jahr 1912 gewesen sein. Darüber wissen wir wenig, nur eine Anspielung im Gedicht von der Tante Hille, über das wir schon gesprochen haben, könnte weiter helfen. Dann wäre es die Hochzeit von meinen Großeltern gewesen. Das könnte passen.

Bis heute gelten Standuhren, Wanduhren, Taschen- und Armbanduhren als ein geeignetes Geschenk, auch und gerade zu Hochzeiten. Was macht Uhren als Geschenk so attraktiv? Das Anzeigen der Zeit zeigt sekündlich auch das Vergehen der Zeit. Ein unübersehbarer Hinweis auf die Endlichkeit des Lebens. Man weiß, was die Stunde geschlagen hat. Für das mit einer Uhr beschenkte Brautpaar könnte die Uhr noch eine andere Botschaft enthalten: Nutzt eure *gemeinsame* Zeit. Durch die Heirat begebt ihr euch auf eine neue Lebensstufe, ihr überschreitet eine Schwelle im doppelten Sinne des Wortes. Deshalb gilt die Hochzeit als ein „Schwellenritual". In fast allen Kulturen spielt das Hochzeitsfest eine wichtige Rolle. Es ist das Feiern eines Übergangs, einer „rite de passage". Dafür scheinen Uhren das geeignete Symbol zu sein.

Ich schaue auf meine Armbanduhr und komme ins Nachdenken: Meine erste Uhr? Wann und von wem? Jetzt trage ich eine Solaruhr. Möglicherweise werden Uhren heute aus den gleichen Gründen wie früher verschenkt. Aber die Uhren haben sich sehr verändert. Da hat auch eine Art von Übergang stattgefunden, ein Technik-Übergang. Da fällt mir ein, dass das ganz besonders für die Standuhren zu gelten scheint. Kürzlich hörte ich von einem Uhrmachermeister den Namen Sattler. In München, erzählte er, gäbe es seit 60 Jahren eine kleine Uhrenmanufaktur von der Familie Sattler. Sie stelle Präzisionsuhren her. Ihre Spezialität seien Präzisionspendeluhren. Die sind nicht nur schön, sondern auch in höchstem Maße genau (und natürlich entsprechend wertvoll, sprich: teuer). Besonders beeindruckt hat mich das Modell Troja Sonata M, weil es mich an die Geschichte mit den sieben Geißlein erinnert. Der Boden, in dem sich das 7. Geißlein vor dem Wolf verstecken konnte, ist jetzt ein Tresor, in dem der Besitzer andere wertvolle Gegenstände vor möglichen Dieben verstecken kann.

Die Hochzeit ist nur einer von mehreren Lebenseinschnitten, die in einem Leben zu bewältigen sind – allerdings ein besonderer: Die Zeiten der Kindheit, der Jugend und des allein für sich Verantwortlichseins sind endgültig beendet.

Übergänge gehören zum Leben. Einer der ersten ist die Einschulung. Es wird nur wenige Menschen geben, die sich nicht mehr an ihre Einschulung erinnern können. Danach wird irgendwann das Ende der Schulzeit kommen. Frühestens dann, wenn die Schulpflicht endet – das ist bei uns verbindlich geregelt – steht die bedeutende Frage der Berufswahl an und so weiter bis man schließlich aus dem Berufsleben ausscheidet ...

... und Opa oder Oma wird.

    Ja, genau. Ich habe aber noch einen anderen, ganz besonderen Übergang in Erinnerung. Kannst du dich auch noch daran erinnern?

Was meinst du denn, Schule und ...

    Ja, nach deiner Einschulung ist noch etwas ganz Schönes passiert!

Ich habe eine Schwester bekommen!!

Wie konnten wir nur überleben?
Über Kommunikation damals und heute.

Das „Überleben" ist aus heutiger Sicht ziemlich wörtlich zu nehmen. Überleben ohne Geld? Wenn wir damals merkten, dass wir an einem Wochenende kein Bargeld mehr hatten, dann war das eine peinliche Situation – damals, ohne Bargeldautomaten. Man konnte mit einem Postsparbuch an besonderen Poststellen in einem recht aufwendigen Verfahren Geld abheben. Überleben im Verkehr? Auf dem Fahrrad ohne Helm, mit einer Glühbirnchen-Beleuchtung und einem Kindersitz, der aus einer Eisenschale bestand, die vorne in eine Vorrichtung an den Lenker gehängt wurde; oder in Bus und Straßenbahn mit hohen Ein- und Ausstiegen, ohne automatische Türöffnung und mit einer Schaffnerin, die während der Fahrt kassierte; und der Autoverkehr: in den 50er Jahren hatten die Autos einen Blinker, der tatsächlich als Zeiger aus der Seite des Autos herausklappte und ...

OPA, Helene sagt, ihre Mutter behauptet steif und fest, deren Mutter – also Helenes Oma – wäre noch ohne Sicherheitsgurte im Auto gefahren.
    Das kann gut sein.
Hattest du auch ein Auto ohne Sicherheitsgurte?
    Ja, Anfang der 60er Jahre gab es keine Gurte im Auto.
Oh, super, Autofahren ohne das blöde Anschnallen.
    Du wirst dich wundern: Es gab auch keine Fahrradhelme.
Noch besser. Wäre das schön ...
    ... darüber ließe sich streiten. Aber es gab auch kein Navi
    und vor allem kein Handy.
Kein Handy? Wie habt ihr denn da überleben können?

Du erinnerst Dich an das TELEFON aus der Enkel-Kiste? Aber Telefon ist nicht gleich Telefon. Schon in meiner Jugendzeit hat sich das Telefon enorm weiter entwickelt. Entscheidend bleibt, dass es immer schnurgebunden war, eben nicht mobil. Insofern brauchten wir die Telefonzellen in den Orten und die Notrufsäulen an den Autobahnen; in vielen Kneipen stand am Tresen ein Telefon, das man benutzen konnte, meistens mit einem Zähler für die verbrauchten Einheiten. Ein Frage, die uns ständig begleitete, war die nach dem passenden Kleingeld. Die Entwicklung der Telefonkarten war eine große Erleichterung.

OPA, ich weiß!
    Du weißt?
Ja Opa, wir haben in Berlin ein Kommunikationsmuseum.
    Aha, interessant zu wissen.
Da sind alle Telefone ausgestellt von ganz früher bis heute, samt der modernsten Handys.
    Ich muss Dir sagen, es gibt mindestens eine Situation,
    in der ich mir nichts sehnlicher als ein Mobil-Telefon
    gewünscht hätte.
Opa, erzähl schon.
    Ich war zum Einkaufen in einem Supermarkt und brauchte
    unter anderem etwas Zement für die Renovierungsarbei-
    ten an dem Haus, in das wir gerade gezogen waren. Deine
    Mutter saß in dem Einkaufswagen in diesem kleinen,
    aufklappbaren Sitz mit dem Gesicht zu mir. Der Wagen
    war voll und schwer. Ich fuhr ihn zum Auto und plötzlich
    kippte der Wagen um; ich hatte übersehen, das der Boden
    sehr uneben war und das Gewicht des Zementsackes ...
    Deine Mutter knallte mit dem Gesicht auf den Boden
    und – sie fing nicht an zu schreien, sondern zu wimmern.
    Ich geriet in Panik, hob das Kind vorsichtig aus dem Wa-
    gen und suchte nach einer Telefonzelle. Da hinten, über
    die Hauptstraße an der Ecke.
    Wo ist mein Geldbeutel, finde ich die zwei Zehn-Pfennig-
    Stücke. Wen rufe ich an? Welche Telefon-Nummer habe
    ich im Kopf ...
    Ja, es ist schließlich alles gut gegangen. Es war eine leichte

Gehirnerschütterung. Aber Du wirst meine Sehnsucht
nach einem Handy verstehen können.

Mega krass.

Übrigens konnte man kürzlich in der Zeitung lesen, dass
die Telekom die letzte gelbe Telefonzelle in Deutschland
hat abbauen lassen. Damit endete eine Ära. Das erste
Telefonhäuschen soll 1881 ...

Opa, das hast du uns schon mal erzählt. Alle Telefonhäuschen
mussten gelb sein ...

Wirklich? Entschuldigt bitte, ich werde ...

Schon gut. Hattest Du nicht auch mal ein FAX-GERÄT?

Ja, das stimmt, das liegt noch in der Enkel-Kiste.

Gut, dass ich diese Zeiten nicht miterleben musste.

Schade, dass diese Zeit vorbei ist ...

Opa ...!

Ja, ich bin anhänglich und manchmal altmodisch.

Aber wie ich finde aus gutem Grund.

Da bin ich aber neugierig.

Deine Oma hat mir vor einigen Jahren eine Kiste
geschenkt, in der waren viele Fotokopien.

Tolles Geschenk ...

Nun warte ab, Fotokopien von Fax-Mitteilungen, die
wir uns in der Zeit unseres Kennenlernens jeweils zu-
geschickt hatten. Damals war das Fax groß in Mode und
eine wunderbare Art der Kommunikation.

Ich kann alle TWITTER Nachrichten auf dem Handy
sammeln und beliebig abrufen.

Du kannst sie nicht in die Hand nehmen, du kannst sie
nicht zu einem kleinen Buch zusammen binden. Sie
liegen auf deiner CLOUD und nichts ist mehr privat.

Ja, da liegen sie sicher und vergilben nicht wie deine Faxe auf
dem umweltschädlichen Thermo-Papier.

Und die Cloud?

Wer soll das denn alles lesen wollen. Dann dürfte ich ja auch
nicht bei FACEBOOK sein.

Stimmt. Mich bringt auch nichts zu Facebook.

Selber schuld.

Da fällt mir was ein, was du bestimmt albern finden wirst, oder witzig.

Witzig ist gut.

Früher, als wir noch ganz viel mit der Hand geschrieben haben z. B. Tagebücher und Briefe und …

Opa, fang nicht schon wieder davon an: Schreib mal wieder, die Postkarte wird 150, es ist gut für das Gehirn mit der Hand zu schreiben …

Gut, dass du schon Bescheid weißt; man könnte ja für Großeltern Postkarten „on demand" einführen. Aber das ist ein anderes Thema, auf dass wir noch mal zurück kommen sollten. Ich wollte dir von früher und von den POESIE-ALBEN erzählen …

Poesiealben?

Ein Poesiealbum ist meistens ein fest eingebundenes Buch mit weißen, leeren Seiten. In dieses Buch schreiben andere Menschen, mit denen man eine gemeinsame Zeit geteilt hat, also in der Schule die Mitschülerinnen, Reime und Verse und Sprüche – zur Erinnerung an diese Zeit. Oft hatte das Buch einen Verschlussmechanismus. Klar, der war nicht einbruchsicher, aber ein deutliches Zeichen, dass der Inhalt wirklich privat sein sollte.

Das ist doch altmodisch.

Stimmt, der Brauch ist schon sehr alt. Im 18. Jahrhundert erlebte das Poesie-Album eine Blütezeit, allerdings unter Erwachsenen. Man tauschte darin Verse, Gedichte, Zeichnungen und Worte aus.

Für mich ist das Mädchenkram.

Ich hatte auch kein eigenes Album. Das habe ich heimlich bedauert und mich natürlich nicht zu sagen getraut.

Klar.

Aber ich fand es toll, wenn Mädchen mich aufforderten, etwas in ihr Poesiealbum zu schreiben.

Was hast du denn geschrieben?

> Was ich genau geschrieben habe, weiß nicht mehr,
> aber es waren alberne Sprüche.

Alberne Sprüche?

> „Wenn Du einmal traurig bist,
> und das Lachen ganz vergisst,
> schau in dieses Album rein:
> Bald wirst du wieder fröhlich sein."

Was noch?

> „Lerne erst die Menschen kennen,
> denn sie sind veränderlich.
> Die Dich heute Freunde nennen,
> schimpfen morgen über Dich."

Hm ... *nachdenklich.*

> An einen Spruch erinnere ich mich noch genau. Den hat
> meine Großmutter uns ab und zu aus ihrem Poesie-Album
> zitiert:
> „Es gibt dreierlei Wege klug zu handeln:
> Erstens durch Nachahmung, das ist der Leichteste;
> Zweitens durch Erfahrung, das ist der Bitterste;
> Drittens durch Denken, das ist der Klügste."

Hm, hm.

> Es kam darauf an, möglichst viele Sprüche in dem eigenen
> Poesie-Album zu sammeln.

Ich sammele Likes.

> *Opa schweigt und wartet ab.*

OPA, darf ich mal was fragen?

> Wenn du so fragst, wird es etwas Ernstes sein.

Es könnte dich verärgern.

> Dann mal los.

Opa, du hältst doch immer deinen 24-bändigen BROCKHAUS
so hoch.

> Stimmt, darauf lasse ich nichts kommen.

Opa, wenn du dich an die Poesie-Sprüche nicht mehr genau
erinnern konntest ...

Ja, worauf willst du hinaus?

Hast du dir die Sprüche ausgedacht oder ...

    Ich habe im Brockhaus nachgeschaut und nicht das gefunden, was ich gesucht habe.

Und wo hast du dann das gefunden, was du wolltest?

    Ich gebe es zu: bei WIKIPEDIA.

Das wollte ich nur wissen.

    Das hast Du jetzt verdammt schlau eingefädelt. Ich stehe erst mal blamiert da und meine Argumente gegen die Suche im Netz sind nicht mehr so glaubwürdig ...

Meine Fähigkeit, selber Antworten für meine Fragen zu finden, verkümmere; meine Frustrations-Toleranz sinke und mein Rechtschreibbewusstsein könne sich nicht entwickeln und ...

    ... genau das finde ich trifft auch zu. Allerdings scheinen meine guten Argumente dich nicht mehr zu erreichen.

Genau, Wikipedia ist platzsparend und geldsparend und papiersparend und zeitsparend.

    Opa schweigt betreten und sucht nach einem anderen Thema. Guckt sich im Enkel-Zimmer um und bemerkt dann wie beiläufig: Ich sehe Deinen FERNSEHAPPARAT hier gar nicht mehr. Wo ...

... verkauft, brauch ich nicht mehr.

    Soll das heißen, du siehst nicht mehr fern?

Doch, aber nicht so wie ihr früher.

    Ich fand das immer schön, diese gemeinsamen Familien-Fernseh-Ereignisse mit Peter Alexander, Catherina Valente, „EWG-Einer wird gewinnen" mit Kuhlenkampf, über „Dalli Dalli" mit Rosenthal bis hin zu „Wetten, dass ... ?" mit Gottschalk ...

Kenne ich alle nicht, außer Gottschalk, der mit den Goldbärchen. Schade.

    Ich gerate ins Grübeln und erinnere mich, dass viele der „Quizmaster" aus der „Vergessenen Generation" schwer unter ihren Kriegserlebnissen gelitten haben. Das Lustigsein, die leichte Muse und

*das Musikalische waren wohl eine Form der Verarbeitung für sie –
was damals aber kaum bekannt war oder nicht publik werden sollte.
Das ist wohl kein Thema, um darüber mit den Enkeln zu sprechen.*

OPA, das ist deine Geschichte. Wir gucken NETFLIX, da
können wir jeden Abend einen anderen Film auf dem Fern-
seher aussuchen.
　　Darfst du denn die Filme alleine anschauen?
Eigentlich nicht.
　　Eigentlich?
Ich könnte ja auch über das iPad gucken. Aber das darf ich
nicht – noch nicht.
　　Warum nicht?
Mama hat Angst, dass ich süchtig werde.
　　Und deshalb gibt es begrenzte Seh-Zeiten für Euch?
Ja, leider. Aber es gibt ja auch noch TikTok.
　　Was ist das?
Ein soziales Netzwerk.
　　Tip-Top?
Nein TikTok.
　　Ist das nicht chinesisch?
Ja und?
　　Ich wär da vorsichtig. In Amerika soll das verboten
　　werden, heißt es.
Wer weiß, was alles in Dein Handy eingebaut worden ist,
made in China.
　　Also, was ist das Tolle an Tik-Tak?
TikTok! Ich schaue mir Lifehacks mit nützlichen Tipps an
z. B. platzsparend Koffer zu packen – wär auch was für euch.
　　Und was noch?
Quatsch-Videos, ja, kleine Filme, in denen wir nach genau
6 Sekunden zu blinzeln anfangen oder einfach was erzählen.
　　Sag mal, ich habe gehört, für die Nutzung von TikTok
　　müsse man 16 Jahre alt sein? *Opa kann nicht sehen, wie der
　　Enkel in sich hinein schmunzelt.*

Da gerate ich selbst ins Erinnern:. Ach du liebe Güte. Kleine Filmchen mit dem Handy ... Ich weiß noch zu gut, wie stolz wir auf die SUPER ACHT Kamera waren, mit der wir unsere Kinder beim Laufen lernen filmen konnten. Man musste sich die Zeit einteilen, das Filmmaterial war begrenzt und nicht ganz billig. Vor allem musste man den Film zum Entwickeln bringen, dann schneiden bzw. zusammenkleben. Wenn das geschafft war, baute man die Leinwand und den Filmapparat auf und verfolgte gebannt die meist verwackelten Szenen, ohne Ton, aber mit dem ratternden Geräusch des Filmapparates im Hintergrund. Heute geht der Enkel mal eben aus dem Zimmer, während wir versuchen, ein Herz aus Papier zu falten. Nach einiger Zeit kommt er wieder und zeigt auf dem iPad einen kleinen Film, den er nach YouTube-Anleitung produziert hat: Eine Gebrauchsanweisung für das Falten von Papier-Herzen. Wie sich die Zeiten ändern.

Bei allem Staunen über diese rasanten technischen Entwicklungen bleibt der Kern der Fragen, die wir auch an unsere Groß- und Ur-Großeltern gerichtet haben, eigentlich immer derselbe: Ohne Auto – nur mit Pferdekutschen? Ohne Radio – nur mit Reden und Schreiben? Ohne Telefon – nur mit Briefen und mündlichen Mitteilungen? Ohne Kühlschrank, ohne Waschmaschine, ohne Mikrowelle und ohne Handy ... Wie konntet ihr da überleben?

Das menschliche Bedürfnis nach Kommunikation, das Miteinander-Reden, hat es immer gegeben. Es sind die Formen der Kommunikation, die sich stetig verändern, die weiter entwickelt und technisch perfektioniert werden.

OPA, zum nächsten Geburtstag wünsche ich mir eine Playstation-Konsole.

Ich dachte du hast bereits eine.

Ja, aber nicht die neue Playstation 5.

Soviel ich gelesen habe, ist Playstation ein alter Hut. Gibt es seit über 25 Jahren, genau seit dem 3. DEZEMBER 1994. Zuerst in Japan, wo auch der Gameboy ...

Gameboy ...?

Ja, gewissermaßen eine kleine Konsole, frag deine Mutter
mal, die kennt sich damit aus mit „Dreieck, Viereck, Kreis
und Kreuz". Meines Wissens braucht man bald keine
Konsole mehr, sondern kann auf allen Geräten spielen, die
einen Bildschirm und Zugang zum Internet haben.

Opa, ich bin platt. Woher weißt du denn das?

Aus meiner Tageszeitung. Zum 25 jährigen Jubiläum von
Playstation gab es einen ausführlichen Bericht.

Aber heute kann man auch Filme über die Playstation
abspielen. Video-Experten meinen, dass die Konsole Vorreiter
für neue Entwicklungen wird. Deshalb brauche ich eine Playstation 5.

Hm. Und was machst Du dann damit?

Opa? Spielen natürlich.

Ich kenne mich da nicht aus.

Stimmt, du bist ja von der analogen Generation.

Das tollste war für mich damals – in deinem Alter – ein
fern gesteuertes, silbernes Auto von Schüco.

Aber das ist doch cool!

Mein Auto hatte eine Batterie und eine etwas 1 ½ m lange
Schnur von der Fernbedienung zum Auto.

Hm, du musstest also immer mit dem Auto mitgehen.

Ja, genau, der Spielraum war begrenzt.

Das ist heute ja ein bisschen anders. Ich werde später mal eine
Drohne zum Fotografieren haben.

Ich kann nur staunen.

Worüber?

Wie ihr mit Technik ausgestattet seid.

Opa, was denkst du! Das ist normal, das haben doch fast alle,
und manche haben noch mehr!

Zum Beispiel?

Alexa!

Alexa? Wer ist das denn?

Opa, du bist wirklich noch hinter dem Mond.

Wahrscheinlich wie die Oma bei Uli Stein. Die Mutter liest ihrem Sohn, der vor dem Computer sitzt, vor, was die Oma gerade geschrieben hat: Oma lädt uns ein, am Sonntag, Sie macht einen Guglhupf! Der Junge daraufhin voller Erstaunen: „Oma ist im Internet???"

Ganz so schlimm ist es mit dir nicht. Aber was ist ein Guglhupf? Egal. Also Alexa ist der Smart Speaker von Amazon.

Smart Speaker?

Der sprachgesteuerte, internetbasierte, intelligente, persönliche Assistent der Firma Amazon.

Opa schweigt und staunt über seine Enkel

Opa, hier, ich hab mal eben bei Wikipedia nachgeschaut: Gibt es in Deutschland seit September 2016, wiegt 1064 Gramm und geht über WLAN oder Bluetooth. Hier sind 15 Produktvarianten aufgeführt. Demnächst frage ich Alexa selbst: „Alexa, seit wann gibt es dich?" Alexa weiß alles!

Na ja, alles, was man ihr beigebracht hat.

Opa schaut sich suchend im Enkelzimmer um.

Opa, was ist?

Ich bin einfach sprachlos.

Wieso?

Das ist die Eroberung der Kinderzimmer durch die Technik.

Na und ...?

Und ich hatte tatsächlich mal gedacht, dass ich die 24 Bände vom BROCKHAUS an eines meiner Enkelkinder weitergeben könnte.

Opa ...

Ich weiß. Wikipedia ist schneller und leichter.

Opa schüttelt den Kopf. Da fällt mir gerade Uli Stein ein.

Der schon wieder.

Auf dem Bild ruft die Mutter ihrem Sohn – in deinem Alter etwa – freudig zu: „Du wünschst dir ein Buch zu Weihnachten?" Dann sieht man den Computer-Tisch des Sohnes und der, auf eines der Tischbeine schauend, antwortet: „Ja, mein Computertisch wackelt."

Mega Cool.

*Opa geht – Frustrationstoleranz vor sich hin murmelnd – aus dem
Zimmer und nimmt sich vor, ein kleines Experiment, nur für sich,
zu wagen. Ich werde bei einer passenden Gelegenheit fragen:
„Alexa, bist du nie ärgerlich?" Ich vermute, dass sie so etwas
antworten wird wie „Ich habe gefunden, dass bei Magenverstim-
mungen weißes Brot und Joghurt helfen ..."*

Wir haben überlebt!
Über Regeln damals und heute.

OPA, noch eine Frage: was sind Manieren?

Wie kommst du nur auf diese Frage?

Charly hat gesagt, sein Vater habe gesagt, manche Leute hätten
heute keine Manieren mehr.

Und weiter.

Zum Beispiel hasse er Unpünktlichkeit.

Das kann ich verstehen.

Was sind jetzt Manieren?

Das sind Umgangsformen.

Komisches Wort.

Gutes Benehmen halt.

Geht es noch ein wenig genauer?

Ja, Pünktlichkeit zum Beispiel. Jemanden nicht warten lassen, wenn man um eine bestimmte Uhrzeit verabredet ist.

Ist das alles?

Natürlich nicht, aber es gibt keinen, der bestimmen könnte,
was genau Manieren sind und was nicht.

Dann kann also jeder machen, was und wie er will?

Ja und nein.

Was nun?

Es gibt Vereinbarungen, Konventionen, an die sich die
meisten Menschen wie mit einer stillen Verabredung
halten. Aber es gibt keinen Gesetzgeber, keine Strafe für

Unpünktlichkeit – von ganz bestimmten Ausnahmen einmal abgesehen.

Aha.

Unser Bild von Manieren ändert sich. Als ich mit meinem Studium begann, trugen die meisten Studenten noch Hemden mit Krawatten und Jackett. Die Frauen trugen vornehmlich Röcke. Dann kam die „68er-Bewegung", die vieles ändern wollte, auch die sogenannten Manieren, die wurden als „bürgerlich" verpönt: Die Kleidung, die Umgangsformen, das Benehmen wurden anders verstanden und neu gelebt.

Opa, du hast doch mal gesagt „Kleider machen Leute"!?

Stimmt, und das finde ich gilt heute auch noch.

Versteh ich nicht, Kleidung ist doch was nur Äußerliches.

Ja, es ist die äußere Um-Hüllung und gleichzeitig gibt es eine Verbindung von Innen und Außen. Die meisten Menschen haben ihren eigenen Kleidungsstil!

Ich zieh einfach das an, was noch von gestern auf meinem Stuhl liegt.

O.K. Aber wenn du zum Arzt gehst, hat der meistens einen weißen Kittel an.

Die Polizisten haben eine Uniform …

… und die Richter und Rechtsanwälte und Staatsanwälte tragen schwarze Roben.

Die müssen sich immer besonders gut benehmen.

Genau, die Menschen achten sehr genau auf deren Benehmen, auf ihre Manieren.

Ist Benehmen dasselbe wie Manieren?

Kommt drauf an.

Worauf?

Auf den Blickwinkel. Vor einiger Zeit gab es ein sehr erfolgreiches Buch, das heißt: „Manieren". Das Besondere an diesem Buch war sein Autor. Es war Asfa-Wossen Asserate.

Wie bitte?

Ein Prinz aus dem äthiopischen Kaiserhaus, der aus
politischen Gründen aus seinem Land fliehen musste und
seit langem in Deutschland lebt. Der hat als Fremder die
deutschen Sitten und Manieren beobachtet und aufgeschrieben.

Komisch.

Eher klug. Er spricht davon, dass das Annehmen von
Manieren ein „Menschwerdungsakt" sei. An erster Stelle
würden Manieren in der Familie vermittelt. Dort fänden
die Kinder ihre Vorbilder.

Schlechte und gute Angewohnheiten?

Ja, die bestimmen deine sogenannte „Kinderstube"; die
zeigt, wie du in deinem Elternhaus erzogen worden bist.
Übrigens wird sie auch davon bestimmt, welcher Kultur
dein Elternhaus angehört und ...

Opa, hattest du auch eine Kinderstube?

*Oh, wenn ich daran zurück denke, werde ich ganz wehmütig. Ich er-
innere mich noch gut an meine Tanzstunden. Das war ein Kurs, der
dauerte mehrere Wochen und man lernte die klassischen Tänze wie
Foxtrott und Walzer. Nach einiger Zeit gab es einen „Mittel-Ball" und
am Ende einen „Abschlussball". Die Jungen mussten die Eltern des
Mädchens, mit dem man zusammen tanzen wollte, um Erlaubnis fragen. An einem Sonntag Vormittag besuchte man die Eltern, stellte sich
vor und fragte. Während dieses Kurses wurde uns auch „Gutes Benehmen" gezeigt. Was gehörte alles dazu? Ja, das waren Fragen über
formale Regeln wie zum Beispiel Tischmanieren: „Darf man Erbsen
mit dem Messer essen?" und höfliches Verhalten gegenüber Mädchen
und Frauen: „Wie übergibt man einen Blumenstrauß, wie hilft man
der Frau aus dem Mantel, wie hält man ihnen die Tür auf?" Ja, das sah
nicht nach Gleichberechtigung aus, wie wir sie heute verstehen. Diese
sogenannte Etikette ist Ausdruck eines bestimmtes Bildes über das
Verhältnis von Männern und Frauen. Wir haben damals gelernt, dass
der Mann auf dem Bürgersteig immer an der gefährlichen, also der
Straße zugewandten Seite zu gehen habe. Um die Frau zu beschützen.*

Die damaligen Anstandsregeln wurden uns beigebracht mit der Begründung, das sei alles festgeschrieben und einhellig akzeptiert in einem Benimm-Buch des Freyherrn Adolph von Knigge. „Der Knigge" galt als maßgebliche Instanz für jede Art von Benehmen, ob als „Knigge für Autofahrer" oder als „Knigge für Urlauber". Es hat sehr lange gedauert, bis ich verstanden habe, dass wir das damals blauäugig geglaubt haben, ohne uns selbst zu informieren. Man könnte auch sagen, wir sind „fake news" aufgesessen. Denn in Wahrheit – und die ergibt sich aus der Lektüre des 1788 erschienen Buches „Über den Umgang mit Menschen" – geht es darin überhaupt nicht vorrangig um Anstandsregeln, sondern um den „Geist der Lebensgestaltung". Knigge begibt sich auf die Suche nach der Struktur menschlicher Umgangsformen für Menschen aller Art und Stände. Die „Kinderstube" signalisiert gewissermaßen den Beginn der Lebensgestaltung. „Es ist wichtig für jeden", schreibt Knigge in seiner Einleitung, „der in der Welt mit Menschen leben will, die Kunst zu studieren, sich nach Sitten, Ton und Stimmung anderer zu fügen".

„Gutes Benehmen" ist dann vor allem das Bemühen, sich sozial zu verhalten und freundlich zu sein gegenüber seinen Mitmenschen. Man lebt eben nicht alleine auf der Welt, dadurch gewinnt ein respektvolles Verhalten seinen Sinn. Das geht vom Anbieten eines Sitzplatzes in öffentlichen Verkehrsmitteln an ältere bzw. sichtlich bedürftige Personen, über hilfreiche Gesten beim Ein- und Aussteigen bis hin zu einem freundlichen „Bitte" und „Danke". Manche Zeitgenossen meinen sogar, heutzutage erlebe man in der Öffentlichkeit mehr schlechte Laune als früher. Auf keinen Fall lächeln, auf keinen Fall (zu) freundlich sein, jedenfalls nicht einfach so. „Wir Freundlichkeitsversager" wird diese Beobachtung von einigen Leuten genannt.

Wer heute Knigge für überholt und den Blick auf Manieren für altmodisch hält, könnte vielleicht „Die Kunst des lässigen Anstands" gut finden. Alexander von Schönburg hat als fast 50-jähriger „27 altmodische Tugenden für heute" beschrieben, weil er sie wieder für aktuell und für das gelingende Zusammenleben für unverzichtbar hält. Freundlichkeit, meint er, habe mit dem Anderen zu tun und das mache sie für unsere heutigen Zeiten attraktiv. „Freundlich zu sein bedeutet auf simpelster Ebene zunächst den anderen überhaupt wahrzunehmen." Ja und, könnte man einwenden, es gibt doch keine Regel, die mich zu Freundlichkeit verpflichtet. Keine Regel im Sinne einer verbindlichen Verhaltensvorschrift wie in der Straßenverkehrsordnung oder gar wie das Verbot, andere Menschen zu beleidigen. Es gibt keine Polizei, die kontrolliert und es folgen keine Bußgelder. Es sind, wie soll man das erklären, Verabredungen zwischen den Menschen, die auf Traditionen beruhen und sich bewährt haben. Nämlich die, soziale Ablehnung und Zurückweisung zu vermeiden. Man nennt das auch Konventionen.

Oh, wenn ich daran zurück denke: Alle diese Konventionen wurden mit einem einfachen Satz begründet: „Das tut man nicht!" Die Frage nach dem Warum stellte sich nicht, ich stellte sie nicht, sie war nicht üblich.

Wenn ihr einmal genau nachdenkt, dann werdet ihr selber wissen und spüren, was gutes Benehmen ist. Auf Deinem Schulzeugnis gibt es doch auch eine Bemerkung zum „Betragen".

OPA, ich habe was gefunden.
    Was denn?
Die passende Antwort.
    Worauf.
Auf Deine Geschichten von früher, wo alles besser …
    Erzähl schon.
In der Karikatur von Uli Stein sitzen Vater, Mutter und Sohn am Mittagstisch. Die Mutter trägt die Suppe auf und sagt, bevor sie auftut: „Erst den ganzen Nachmittag auf dem Fußballplatz rumtoben, zu spät zum Essen kommen … und dann auch noch mit ungewaschenen Händen! Ab ins Bad!"
    Sehr witzig. Typisch für kleine Jungens.

Opa, auf dem nächsten Bild sitzen der Sohn und die Mutter allein am Tisch und rufen dem Vater hinterher: „Und beeil Dich, wir haben Hunger!"

Es gibt natürlich auch Konventionen, die heute noch und heute wieder ihre besondere Bedeutung haben. Welche das sein kann? Das ist die Begrüßung. Sie ist der Beginn einer Begegnung und der Kommunikation zwischen Menschen. Sie bestimmt den Eindruck, den ein anderer von dir gewinnt. Ein guter Eindruck vermittelt Vertrauen. Vertrauen schafft Sympathie. Jetzt wollt ihr wissen, was ihr dafür tun könnt? Das ist wirklich recht einfach. Es gilt, die Begrüßung ernst zu nehmen und – unabhängig davon, welche Art von körperlichem Kontakt man wählt oder zulässt – ob es ein Händedruck oder eine Umarmung oder moderne Formen des Abklatschens sind – mit dem Gegenüber Blickkontakt aufzunehmen und zu halten. Warum das so wichtig ist? Nun, es zeigt, dass du dein Gegenüber ernst nimmst, dass du ihn durch deine Aufmerksamkeit …

Opa, es herrscht Corona, nur zur Erinnerung.

    Ja und? Auch in Corona-Zeiten kann man …

… Maskenpflicht!

    Sich trotz der Masken in die Augen sehen.

Opa, das ist weltfremd.

    Du willst mir erzählen, was …

Ja, ich erlebe das in der Schule öfter als du in deinem Alltag: Masken und Abstand halten verhindern praktisch den von dir gewünschten Blick in die Augen.

    Ja, aber, ich …

Kein aber: Abstand und Distanz führen dazu, dass man sich nicht mehr umarmen kann, sich nicht mehr anständig streiten, also mal kloppen kann …

    Opa versinkt in Nachdenklichkeit und schweigt seine Enkel an. Er denkt an ein Buch, das ihm gerade in die Hände gefallen war. „Früher war alles besser. Ein rücksichtsloser Rückblick", der natürlich nicht ganz ernst gemeint ist. „Früher war vor allem eines besser: Man war jünger." schreiben die vier mittlerweile älteren Herren zu Beginn. Und – da haben sie recht – man kann alten Zeiten in mancherlei Hinsicht nachtrauern und gleichzeitig feststellen, dass früher vieles schlechter war. Aber – schon wieder ein Aber – jetzt ist man wirklich alt, ein Opa, und das Schöne daran ist, dass man mit eigenen Augen sehen konnte, was sich alles auf der Welt verändert hat ...

OPA, ist schon gut. Aber dein Handy klingelt.

    Ist das meines? Ja, jetzt höre ich es.

Willst Du nicht dran gehen.

    Nein, jetzt spreche ich ja gerade mit dir.

Aber wenn es etwas Wichtiges ist?!

    Es gibt nur wenige Anrufe, die nicht auch einige Minuten warten könnten. Ich drücke den Anruf weg.

Ist das jetzt nicht unhöflich gegen über dem Menschen, der dich gerade anruft?

    Ich finde nicht. Denn es gibt ja keinen Anspruch darauf, jeden Menschen zu jeder Zeit und sofort telefonisch erreichen zu können. Es gibt ja noch SMS.

Von mir aus hättest du ruhig dran gehen können.

    Das wäre mir unhöflich vorgekommen.

Mir nicht.

    Aber es war mein Handy. Also habe ich diesmal die Entscheidung zu treffen.

Opa, du bist komisch.

    Wieso komisch?

Weil alle anderen Menschen, die ich kenne, das anders machen.

    So?

Ja, gestern waren wir mit Mama und Papa und den Eltern von Helene im Restaurant.

    Ja und?

Da lagen vier Handys auf dem Tisch.

    Und weiter. Lass dir doch nicht jedes Wort aus der Nase ziehen.

Ich habe gezählt.

Was hast du gezählt?

Wie oft die Handys geklingelt haben.

Nun?

Sieben mal.

Weiß du auch noch, wie oft dann telefoniert worden ist?

Sieben mal.

*Wenn ich an alte Zeiten zurück denke und mich richtig kritisch hinter-
frage – ich habe eigentlich nichts vermisst, damals. Gut, das Handy,
vielleicht, nein, doch, manchmal! Aber insgesamt hatten wir auch zu
unserer Zeit ein gutes Leben.*

‚Hans guck in die Luft' oder
Die Bedeutung der Kindheit in sich verändernden Zeiten.

1845 hat der Frankfurter Arzt und Psychiater Heinrich Hofmann den „Struwwelpeter" veröffentlicht. Darin gibt es auch
die Geschichte vom Hans-guck-in-die-Luft. Der Junge, der immer in die Luft und in den Himmel schaut. Dabei achtet er nicht
auf den Weg und fällt schließlich in einen Fluss. Nun könnte
man einwenden, dass ein heutiger Bezug auf „Hans-guck-in-
die-Luft" nicht mehr sinnvoll sei, weil die Geschichte aus der
ersten Hälfte des 19. Jahrhunderts stamme. Überhaupt sei das
ganze Buch von Hofmann tiefste „Schwarze Pädagogik" und
somit unbrauchbar im 21. Jahrhundert. In den Zeiten der Anti-
autoritären Erziehung erschien F. K. Wächters „Anti-Struwwel-
peter." In der DDR gab es eine eigene Interpretation, unter
anderen mit einer „eigensinnigen Ulrike". Schaut man sich die
Geschichte des Buches „Der Struwwelpeter" genauer an, kann
man durchaus Erklärungen für den Erfolg dieses Buches finden:
1876 gab es bereits die 100. (!) Auflage sowie Übersetzungen in
40 Sprachen und 80 deutsche Dialekte; es soll 1000 Nachah-
mungen gegeben haben, sowohl für Kinder als auch für Erwach-

sene. Hofmann war ein fortschrittlicher Reform-Psychiater, der einen Blick für das, was wir heute Magersucht (Suppen-Kaspar) und Hyperaktivität (Zappelphilipp) nennen würden, gehabt hat. Das Struwwelpeter-Museum in Frankfurt betont die Chancen, die Diskussionen um die kontroversen Auffassungen zu den einzelnen Geschichten bieten. Es ist ähnlich wie bei den Märchen: Kinder können lernen zu unterscheiden, was real und was fiktiv ist. Auch ein kürzlich erschienenes Buch von zwei jungen Männern – „Die Abrechnung" – mit dem sie ihre „traumatischen Erinnerungen" an den Struwwelpeter bearbeitet haben, spricht eher für ein positives Potenzial, das in den Geschichten steckt. Denn letztlich kommt es auf die zeitgemäße Mischung von Kinder-Partizipation und Eltern-Entscheidungen an. Wer hat das Sagen? Was wäre, wenn ab jetzt die Kinder bestimmten? Und warum nicht auch die geliebten Haustiere? Das Buch "Jetzt bestimme ich" könnte auch als ein moderner Struwwelpeter – als ein Versuch, etwas gegen den Strich auszuprobieren – gelesen werden. 170 Jahre nach dem Struwwelpeter beschreibt Juli Zeh darin, wie eine Familie mit der Idee der Mitbestimmung experimentiert und den Weg vom allgemeinen Chaos zu einer allen Beteiligten gerecht werdenden Ordnung findet.

OPA, wolltest du nicht über Kindheit sprechen?

    Mach ich doch.

Nicht die vom Hans-guck-in-die-Luft. Von unserer.

    Manches ist heute wie früher.

Was genau?

    Dass die Zeit der Kindheit, also von der Geburt eines
    Kindes bis zum Eintritt in das Jugendalter …

Wie lang ist das genau?

    Man könnte sagen von null bis vierzehn Jahre, also diese
    Zeit ist enorm wichtig für die Entwicklung guter Eigen-
    schaften und grundlegender Fähigkeiten von Kindern –
    Kindheit eben.

Was genau sollen wir da lernen?

Selbstbewusstsein.

„Gebt den Kindern das Kommando
Sie berechnen nicht, was sie tun
Die Welt gehört in Kinderhände ...“
Grönemeyer, 1986

Haben wir auf meiner Geburtstagsfeier gesungen, echt krass, das Lied. Das ist Selbstbewusstsein, oder?

> „Kinder an die Macht“, heißt das Lied. Grönemeyer meinte das nicht wirklich ernst. Denn dann bliebe die Kindheit auf der Strecke.

Das Lied ist von einem Erwachsenen geschrieben und gesungen worden, Kinder wurden da nicht gefragt. Das spricht eher dafür, dass ihr Erwachsenen den Kindern doch nicht das Kommando geben wollt. Dann könnte es wirklich mal sein, dass die Armeen aus Gummibärchen, die Panzer aus Marzipan wären und Kriege aufgegessen würden.

> Nein, solange Kinder Kinder sind, haben die Erwachsenen das Kommando ...

Kommando, das klingt nach: Räum dein Zimmer auf! Spiel nicht mit dem Handy! Räum die Spülmaschine aus! Klar? Keine Widerrede!

> Nein, so ist das nicht gemeint. Grönemeyer hat die Zeichen der Zeit erkannt und ihnen auf seine Weise Ausdruck verliehen.

Was meinst du damit?

> Das Verständnis von Kindheit veränderte sich im Laufe der Jahrhunderte. Die Erwachsenen sehen heute mit anderen Augen auf die verschiedenen Phasen der Kindheit als noch vor 50 Jahren.

Mit welchen Augen?

> Das hat mit dem Selbstbewusstsein zu tun. Kinder sollten als eigenständige Persönlichkeiten und ihrem Alter entsprechend wahrgenommen und anerkannt werden.

Klingt gut.

> War auch gut. Denn wenige Jahre nach Grönemeyers Lied haben die Vereinten Nationen – die UNO – einen

bedeutenden Beschluss gefasst.

Opa, mach es nicht wieder so spannend, erzähl schon, was war?

Im November 1989 wurde von der UN-Generalversamm-
lung das Übereinkommen über die Rechte des Kindes, die
„UN-Kinderrechtskonvention", angenommen. Mittlerweile sind 196 Staaten auf der Erde dieser Konvention
beigetreten. Das bedeutet, sie müssen die dort festgelegten
Regeln befolgen. Das sind vor allem die sogenannten
„Zehn Grundrechte der Kinder."

Welches sind die wichtigsten?

Zum einen ist es das Recht auf eine Familie, auf elterliche
Fürsorge und ein sicheres Zuhause. Das schließt natürlich die Rechte auf Gesundheit, Bildung und Schutz vor
Notlagen aller Art ein. Zum anderen ist es das Recht sich
zu informieren, sich mitzuteilen, sich zu versammeln und
gehört zu werden.

Die Enkelkinder staunen und können nichts sagen.

Ihr seid überrascht? Kindheit ist keine politikfreie
Lebensphase ist. In der Kindheit werden die Grundlagen
des politischen Handelns gelegt. Dort erfolgt Ermutigung
zum Aktivwerden und das Aufzeigen von Handlungsmöglichkeiten.

Emil und die Detektive!

Kalle Blomquist!

Benjamin Blümchen.

Was meint ihr damit ?

Helene sagt, ihre Mutter meint, von Benjamin Blümchen,
Bibbi Blocksberg oder Pippi Langstrumpf könnten wir lernen,
was Politik ist.

Ja! Was denn?

Sich nicht alles gefallen lassen und selber aktiv werden ...

*Wenn ich daran denke ...!? Dann fallen mir vor allem interessante
juristische Aspekte zur Kindheit ein am Beispiel der Kinderrechts-
konvention. Auch wenn Deutschland ihr erst 1992 mit Vorbehalten*

*zugestimmt hat; auch wenn diese Vorbehalte erst 2010 zurückgenom-
men wurden; auch wenn Deutschland eine kindgerechte Welt – dazu
gehören insbesondere: Chancengleichheit, Aufwachsen ohne Gewalt,
angemessener Lebensstandard für alle Kinder und Beteiligungs-
rechte – noch längst nicht verwirklicht hat. Der Blick auf das Kin-
deswohl ist geschärft worden. Kinder zur Partizipation zu erziehen,
ist mehrheitsfähig. Partizipation für Kinder heißt: Teilhabe und
Teilnahme; beteiligt werden und Mitmachen dürfen und auch können. In der Gesellschaft wie in der Familie. Das ist insofern bemer-
kenswert, weil der Geist des „Bürgerlichen Gesetzbuches" (BGB)
von 1900 viel zu lange (und immer noch ein bisschen) in den kollektiven Gliedern der Deutschen steckt. Die elterliche Gewalt stand wie
selbstverständlich dem Vater zu. „Solange du die Füße unter meinen
Tisch stellst", hieß es in vielen Familien zu aufmüpfigen Kindern und
Jugendlichen, „solange hast du zu machen, was ich sage!" Das BGB
regelte „das Recht und die Pflicht, für die Person und das Vermögen des
Kindes zu sorgen". Die Sorge für die Person des Kindes umfasste nach
§ 1631 „das Recht und die Pflicht, das Kind zu erziehen, zu beaufsich-
tigen und seinen Aufenthalt zu bestimmen". Weiter hieß es in Absatz 2:
„Der Vater kann kraft des Erziehungsrechts angemessene Zuchtmittel
gegen das Kind anwenden." Der gerade zitierte Elternsatz spiegelt
ziemlich genau diese Rechtslage wieder. Ende 2000 ist der § 1631 aufgrund des Gesetzes zur Ächtung von Gewalt in der Erziehung geändert
worden und lautet jetzt so: „(1) Die Personensorge umfasst insbesondere die Pflicht und das Recht, das Kind zu pflegen, zu erziehen, zu be-
aufsichtigen und seinen Aufenthalt zu bestimmen. (2) Kinder haben ein
Recht auf gewaltfreie Erziehung. Körperliche Bestrafungen, seelische
Verletzungen und andere entwürdigende Maßnahmen sind unzulässig.
(3) Das Familiengericht (...)." Das ist gerade mal 20 Jahre her.*
Mittlerweile fordern die Kinder selbst mehr Teilhabe ein. Ein
Gipfel für kinderfreundliche Städte, an dem über 100 Bürger-
meisterInnen teilnahmen, verlangte in einer Erklärung unter
anderem: Gleiche Chancen für Jungen und Mädchen, einen
erreichbaren und bezahlbaren Nahverkehr, bessere Teilhabe
für Behinderte, effizienten Klimaschutz und mehr Möglich-

keiten zur Mitentscheidung. „Wären wir Bürgermeister", formulierte eines der Kinder auf dem Gipfel, „würden wir mehr in Bleistifte als in Waffen investieren." Kinder an die Macht? Viele Politiker im Bund und in den Ländern verhalten sich zwiespältig: Auf der einen Seite haben sie nichts dagegen, dass minderjährige Jugendliche als freiwillige SoldatInnen angeworben werden. Fast 2000 eingestellte BundeswehrsoldatInnen sind minderjährig und lernen zu schießen und zu töten. Überlegt wird auch, die Strafmündigkeit, die nach dem deutschen Recht bei vierzehn Jahren beginnt, zu senken, weil – ja weil es zunehmend radikalisierte Kinder gäbe. Auf der anderen Seite wird seit über fünfzig Jahren diskutiert, das Wahlalter zu senken. Wählen mit sechzehn? Die Skepsis aus der Politik scheint immer noch zu überwiegen. Jetzt schaffen sich die Kinder und Jugendlichen ihren Möglichkeitsraum außerhalb der Parteien. FridayForFuture lässt grüßen. *Für Sama* spielen Fragen wie Wahlrechtsalter oder Mitbestimmung überhaupt keine Rolle. Verglichen mit diesen Kindern hatte *Sama* faktisch keine wirkliche Kindheit.

Der Wandel der Ansichten, der Gebräuche, des Verhaltens und auch der Sprache ist allerdings unverkennbar – vielfach notwendig, oftmals hart erkämpft. Die Bedeutung der Kindheit und ihr Wandel werden immer von der Erziehung mit-bestimmt werden. Aus einem Aufsatz eines klugen Erziehungs-Wissenschaftlers habe ich mir seinen Blick auf die Gattungs-Geschichte aufgeschrieben, nach dem erweise sich „*Erziehung* gleichsam als „flexible response der Evolution", da sie auf äußerst bewegliche Weise drei Größen miteinander verbindet, nämlich Natur, individuelles Bewusstsein sowie Kultur und Gesellschaft. Zukunft und Vergangenheit werden somit im Mechanismus der Erziehung auf Dauer verlässlich bearbeitet. Insofern steht Erziehung stets für Bewahrung und Veränderung, für Varietät und Redundanz. Vermutlich liegt hierin ein entscheidender Grund dafür, dass die Semantik, die Erziehung von Beginn an begleitet, vielfach eine bipolare Gestalt annimmt: einerseits wird sie für Veränderung in Anspruch genommen, andererseits für Bewahrung. Ihre eigentliche Funktion besteht aber wesentlich gerade darin, für beides *zugleich* zu sorgen, eben: „conservation and change". Bewahren und Verändern, darum geht es. So Professor Kraft aus Kiel.

OPA, das soll doch ein Enkel-Buch sein und keine Abhandlung. Ich habe nichts verstanden von Konserve und Chance, nur damit du Bescheid weißt. Wolltest du uns nicht etwas von deiner Kindheit erzählen?

> *Opa fühlt sich ertappt und blickt seine Enkelkinder entschuldigend an:* Stimmt, entschuldigt bitte, ich war gerade, also ich wollte euch erzählen, wie wir damals noch auf den Straßen in der Stadt spielen konnte, weil es wenig Autoverkehr gab; weil die meisten Straßen lange Zeit Baustellen waren und erst wieder hergestellt werden mussten. Viele Häuser waren noch zerstört. Diese Trümmerfelder aus dem Krieg waren natürlich die spannendsten Spielorte.

Schade, dass es heute so was nicht mehr gibt.

> Ich würde sagen, Gott sei Dank!

Wir dürfen überhaupt nicht mehr auf der Straße spielen, selbst nicht in den sogenannten Spielstraßen. Zu viel Verkehr, sagt Mama. Alles wird einem heute verboten.

> Na, na, na – alles?

OPA, Fine hat gesagt, ihr Vater verbietet ihr sogar, an einer Demonstration von F4F teilzunehmen.

> Ja und? Der wird schon seine Gründe haben.

Er hat gesagt, Schule schwänzen ginge gar nicht. Die Schüler sollten in ihrer Freizeit protestieren.

> Ja, es gibt Leute, die das so sehen.

Wie siehst Du das denn?

Wie immer, wenn man genauer hinschaut, wird die
Sache komplizierter als sie auf den ersten Blick scheint.
F4F hat ja auch wegen der Verletzung der Schulpflicht
soviel Aufmerksamkeit gewonnen. Das war allerdings
vor Corona! Aber wenn Erwachsene die engagierten
Jugendlichen auf die Schulpflicht hinweisen und meinen,
die Demonstrationen sollten nur in der schulfreien Zeit
stattfinden, dann verkennen sie, dass die Schulpflicht
ja gar nicht verändert oder abgeschafft werden soll. Sie
soll zu bestimmten Zeiten hinter das Engagement für
den Klimaschutz gestellt werden. Manche meinen sogar,
die Teilnahme an den Demonstrationen, vor allem aber
das Vorbereiten, das Reden, das Diskutieren mit anders
Denkenden bringe mehr als die oft ausfallenden Stunden
im Politikunterricht.

Was meinst du denn nun genau?

Ich sehe das auch so, dass bei uns der Aspekt der Schulpflicht zu recht kein gutes Argument darstellt und man
ihn als neben der Sache abtun kann. Aber der Blick in die
Welt, der globale Blick, zwingt erneut zur Differenzierung
und warnt vor Verabsolutierung.

Dann sind wir uns ja mal einig.

Wartet ab. Ich denke an Indien. Indien hat erst im Jahr
2009 die Schulpflicht gesetzlich eingeführt. Die Zahl der
Kinder, die nicht zur Schule gehen – so wird berichtet – sei
seitdem von acht Millionen auf sechs Millionen gesunken.
Das Problem bei der indischen Gesetzgebung ist allerdings, dass es zu viele Ausnahmen gibt. So dürfen Kinder
in Familienbetrieben arbeiten. Gerade Kinder aus armen
Familien brechen die Schule früh ab, um bei den Eltern
mitzuhelfen. Alle wissen, was getan werden müsste, um
ausbeuterische Kinderarbeit sofort zu beenden. Aber es
passiert zu wenig. Es gibt zahlreiche Aufrufe, das Ende der
Schulpflicht und das Mindestalter für die Zulassung zur
Arbeit in der Gesetzgebung so anzugleichen, dass Jugend-

liche nach der Schule legal arbeiten könnten – mit allen Absicherungen und Rechten.

Und wird das gemacht?

Viel zu langsam, weil Kinderarbeit bis ins 20. Jahrhundert weltweit und selbst heute noch als „normal" angesehen wurde. Karl Marx kämpfte in der 2. Hälfte des 19. Jahrhunderts um den 10-Stunden-Tag für die erwachsenen ArbeiterInnen und um den 8-Stunden-Tag für die Kinder. Unvorstellbar heute.

Unvorstellbar?

Die Enkel hören staunend zu, wie sich der Opa in Rage redet.

Aktuell gibt es auf der ganzen Welt immer noch viel zu viel Kinderarbeit trotz der Kinder-Rechte-Konvention. Regeln sind nur dann mehr wert als das Papier, auf dem sie geschrieben worden sind, wenn es genug Menschen gibt, die auf ihre Einhaltung achten. Wenn es eindeutige Möglichkeiten der Sanktion gibt. Kinderarbeit raubt den Kindern ihr Recht auf Kindheit. Mittlerweile löst auch die Corona-Pandemie weltweit beispiellose wirtschaftliche und soziale Krisen aus, die vielen Familien ihre Lebensgrundlagen rauben. Davon werden die Kinder am heftigsten betroffen. Hunger, Mangelernährung, zu wenig Trinkwasser, fehlende soziale Unterstützung. Jedes Kind braucht seine Kindheit, um sich in Ruhe entwickeln zu können – mit Zeit zum Spielen und Zeit zum Lernen.

Das ist ja voll ungerecht.

Glücklicherweise gibt es kluge Menschen, die sich um die Frage nach der gerechten Gesellschaft kümmern. Einer – *Amartya Sen* aus Indien, der in Boston lebt – hat gerade den Friedenspreis des Deutschen Buchhandels bekommen. Aber das ist eine besondere Geschichte, die ein andermal erzählt werden soll.

OPA, Julius sagt, Helenes Mutter hätte gesagt, wenn Kinder bei Fernseh-Shows so spät aufträten, dann sei das auch Kinderarbeit.

Die machen das doch freiwillig und ...
Die Kinder, die in Indien Teppiche knüpfen und damit ihre
Eltern unterstützen machen das auch ...
Das kann man doch nicht vergleichen.
Opa, ich wollte dir nur sagen, dass deine Enkelkinder am
Freitag demonstrieren werden, in verschiedenen Städten, mit
den F4F Leuten. Zur Rettung des Klimas, du verstehst.
Aber ihr habt doch ... *Opa erstirbt das Wort im Munde.*

Vielleicht ist dieser Hans-guck-in-die-Luft doch kein schlechter Repräsentant für Kindheit in sich verändernden Zeiten.
Damals war es der Junge, der nicht auf die Straße und die Umstände acht gibt, sondern mit seinen Gedanken ganz woanders
ist. Über 150 Jahre später hat jemand dem Hans von damals einen Hans von heute gegenübergestellt. Der heutige Hans guckt
nicht in die Luft, sondern auf sein Handy. Das Ergebnis ist dasselbe: Unachtsamkeit hat (böse) Folgen. Der Grund der Unachtsamkeit ist anders, jedenfalls offensichtlicher, handlich und
welt-weit verbreitet. Dieses Doppel-Bild verweist allerdings auf
die rasante Entwicklung der Technik, die letztlich uns alle beschäftigen wird. Für die Kindheit der jungen Generation kein
Problem: Jetzt kann unsere 5-jährige Enkelin schon mit dem
Handy umgehen; die größeren orientieren sich bei YouTube
über alles, was sie wissen wollen, von Matthias Berger mit seinen Zaubertricks bis zu Informationen über Kaiser Wilhelm II.
Das Smart-Phone wird zum selbstverständlichen Hilfsmittel
ihres Lebens. Ob als Personalausweis oder als Zahlungsmittel,
als Führerschein, oder als Gesundheitskarte. Und jetzt in Corona-Zeiten als Schutz vor Infektionen. Für die „Kindheit" der
jetzigen Generationen werden das Selbstverständlichkeiten
des Alltags sein, während ihre Eltern und Großeltern irritiert
an ihre Kindheit denken und dazu lernen müssen.

OPA, ich habe noch mal nachgedacht.
Ja, worüber?

Über die Sache mit dem Glauben.

Du meinst, an Gott glauben?

Ja, du bist doch konfirmiert worden.

Ja, mit vierzehn Jahren, weil das so üblich ist.

Und was lernst du da?

Durch den Konfirmanden-Unterricht soll man mit dem kirchlichen Leben vertraut werden. Also mit dem Gottesdienst und der biblischen Botschaft.

Und der Kirche auch?

Auch das. Übrigens, bei der Taufe erhält man in der Regel einen Paten und eine Patin. Die sind mit verantwortlich für den Glauben ihres „Patenkindes". Mit der Konfirmation übernimmst du selber die Verantwortung für deinen Glauben. In Deutschland ist man mit vierzehn Jahren „religionsmündig".

Religionsmündig?

Das bedeutet, du kannst über deine Religion selber entscheiden kannst.

Wenn ich getauft worden wäre, könnte ich mit vierzehn aus der Kirche …

Ja.

OPA, du bist noch in der Kirche?

Ja, ich bin vor vielen Jahren ausgetreten und vor einigen Jahren wieder eingetreten.

Hm. Opa, es gibt doch verschiedene Kirchen.

Ja, die christlichen und die jüdischen und die muslimischen und …

… und alle glauben, dass sie allein Recht haben, so wie sie glauben?

Ja, das stimmt aber …

… und sie streiten sich um ihre Art zu glauben und führten sogar Kriege.

Mein lieber Junge, da hast du verdammt Recht.

Warum lässt dann der Gott zu, dass sie sich so streiten?

Das ist eine komplizierte Geschichte, die ein andermal erzählt werden sollte.

Du fängst an, mich neugierig zu machen und dann hörst du plötzlich auf, weil es zu kompliziert sei.

Nach einer nachdenklichen Pause:

Also gut. Ich erzähl dir eine Geschichte. Es war einmal eine Familie, in der war es üblich, dass ein besonders schöner Ring vom Vater an seinen Lieblingssohn vererbt wurde. Nun hatte der Vater drei Söhne. Weil er alle gleichermaßen lieb hatte, konnte er sich nicht entscheiden, an welchen der drei Söhne er den besagten Ring vererben sollte. Deshalb beschloss er, von dem Ring Duplikate, also Kopien, anfertigen zu lassen, sodass man die drei Ringe nicht mehr voneinander unterscheiden konnte. Dann verteilte er kurz vor seinem Tod die jetzt identischen Ringe an seine drei Söhne. Nach dem Tod des Vaters kommt es zu einem Streit zwischen den Brüdern, weil sie gehört hatten, dass es früher nur einen echten Ring gegeben hätte. Sie wollten nun unbedingt wissen, wer den echten Ring bekommen hatte.

Eigentlich wollten sie doch wissen, wen der Vater am liebsten gehabt hatte.

Genau. Diese Frage war ihnen so wichtig, dass sie vor Gericht zogen. Der angerufene Richter weigerte sich aber, ein Urteil zu sprechen. Er meinte vielmehr, jeder sollte seinen Ring als den wahren Ring ansehen, denn alle spiegelten die Liebe des Vaters wider.

Und was hat die Geschichte mit Gott zu tun.

Es ist eine Parabel.

Eine mathematische Kurve?

Das Wort hat noch eine zweite Bedeutung. Eine Parabel ist auch eine lehrhafte Geschichte, die auf einem Vergleich beruht.

Das versteh ich nicht.

Macht nichts. Diese sogenannte *Ringparabel* ist der Höhepunkt in dem Stück „Nathan der Weise". Gotthold Ephraim

Lessing hat es vor fast 250 Jahren geschrieben und eigentlich wird es in jeder Schule in den oberen Klassen behandelt.
Also soll ich mich noch gedulden.

Ja und nein. Denn in Berlin gibt es genau zu diesem Thema ein interessantes Projekt. Vor sieben Jahren begannen drei kleine Gemeinden ein gemeinsames Bet- und Lehrhaus zu planen. Drei Religionen – Judentum, Christentum und Islam – in einem Haus. In einem Haus der Begegnung und des gegenseitigen Kennenlernens zur Stärkung des Friedens. Es gibt einen Entwurf. Jetzt soll dieses Haus wirklich gebaut werden.

Wo wird es gebaut?

An dem Gründungsort von Berlin im Zentrum der Stadt, dort wo vor 800 Jahren eine Petrikirche gegründet wurde.

Genauer?

Friedrichsgracht 53

Nein, die Website?

www.house-of-one.org

OMA, warst du schon mal in Berlin am
„Alles anders Platz"?
>Was für ein Platz, hast du Alexanderplatz
gesagt?
Nein, alles anders. Opa, meint, man könnte auch
Sprache umdrehen.
>Du sprichst in Rätseln.
Also: Manche sagen: Du musst dein Leben
ändern.
>Ja und, das kann nützlich sein.
Aber man kann auch sein Ändern leben ...
>Was hab ich bloß für kluge Enkelkinder,
jetzt verstehe ich: Wer nichts macht,
macht alles ...
... richtig.
>Oder falsch!
Das Erreichte zählt.
>Das Erzählte reicht ...!

Enkel sind das Dessert des Lebens

Kapitel V

Über die Chancen, sich das Vergangene von Zeitzeugen erzählen zu lassen.

Die Standuhr – als Chronistin ihrer Zeit?

Wenn man Uhren fragen könnte, was sie alles erlebt und mitgemacht haben – sie wären ideale Zeitzeugen, besonders wenn es sich um eine Uhr handelt wie die Astronomische Uhr am Straßburger Münster, die im Laufe von mehr als 650 Jahren immer wieder verändert und verbessert wurde. Die dritte Uhr ist 1842 in Gang gesetzt worden und schlägt bis heute. Die Erlebnisse unserer eigenen Standuhr – immerhin seit 1912 – wären dagegen wohl eher enttäuschend. Ungeachtet dessen messen Uhren egal wo und wie die Zeit für uns, Stunde um Stunde, Tag um Tag. Das lateinische Wort für das Zeitmaß ist *Tempus*, das uns das Wort *Tempo* im Sinne von „schnelle Zeit" beschert hat. Die Uhr ist ein *Chronometer*, aber keine *Chronistin*. Das wäre sie nur dann, wenn sie eine *Chronik* verfasste; wenn sie also Aufzeichnungen über geschichtliche Ereignisse nach ihrem zeitlichen Ablauf hätte machen könnte. Dann könnte uns die Uhr etwas von den Menschen berichten, denen sie hatte zuhören müssen; die vor der Standuhr über ihre Erlebnisse und von den Ereignissen in der Welt gesprochen haben: Über den ersten Weltkrieg, über die Gründung der Weimarer Republik, über die Wirtschaftskrisen, über die Herrschaft des Nationalsozialismus, über den zweiten Weltkrieg, über die Gründung der Bundesrepublik Deutschland und der Deutschen Demokratischen Republik, über den Bau der Mauer und ihr Ende, über die Europäische Union, die Globalisierung und, und, und. Mehr als 100 Jahre Zeit-Geschichte sind an dieser Standuhr vorbei gegangen. Wir Heutigen können diese Zeit am besten mit Hilfe von *Zeit-Zeugen* erinnern bzw. kennen lernen – also von Menschen aus dieser Zeit, die noch leben und die man befragen kann.

Der Gang der Zeit führt unweigerlich dazu, dass Zeitzeugen aussterben und irgendwann niemand mehr zu einem Ereignis aus eigenem Erleben berichten kann. Für die Ereignisse vor und während des zweiten Weltkrieges gibt es immer weniger Zeit-Zeugen. Nur wenige Überlebende der „vergessenen Generation" können sich noch an die Ereignisse erinnern, die uns bis heute beschäftigen. Schon ab 1935/36 mussten sie erleben, dass von einem auf den anderen Tag der Kontakt zu jüdischen Schulkindern abriss, weil die vertrieben und ausgewiesen wurden. Und bald lautete überall die Parole: *Juden unerwünscht.*

Es gilt somit auch die *Zeit-Dokumente* zu nutzen: Also Texte von Menschen, die etwas Erlebtes aufgeschrieben haben; und natürlich auch Texte aus Zeitungen, Zeitschriften, Büchern sowie Ton- und Film-Dokumente. Manchmal ist es sogar eine Pflanze ein Zeitdokument. So wie in der Geschichte *Für Sama.* Schließlich können uns auch Dinge, die Menschen aus dieser Zeit verwahrt und vererbt haben, helfen, uns zu erinnern.

OPA, noch eine Frage: wie viele Meter sind ein Jahrhundert?
　　Wie bitte?
Mehr als ein Meter?
　　Ich verstehe dich nicht, was meinst du?
Opa, Deine Chronik steht doch unten im Regal.
　　Ach so, du meinst die Chronik.
Ja, die meine ich, die *Chronik des 20. Jahrhunderts.*
　　Dass dir die Bücher aufgefallen sind! Das dicke Buch geht
　　bis 1981, und dann habe ich mir jedes Jahr eine weitere
　　Chronik dazu gekauft. Jetzt habe ich das gesamte 20. Jahr-

Über die Chancen, sich das Vergangene von
Zeitzeugen erzählen zu lassen.

Kapitel V

hundert und die ersten 20 Jahre des 21. Jahrhunderts
da unten stehen.

Ich glaube, es ist mehr als ein Meter.

Wir können ja mal messen.

Was steht da eigentlich drin?

Es ist jeweils ein kompletter Rückblick auf ein Jahr.

Wer hat denn da zurück geblickt?

Das macht eine Redaktion, eine Gruppe von Journalisten,
die sich noch einmal anschauen, was in den Medien –
Zeitungen, Radio, Fernsehen – berichtet worden ist.
Danach treffen sie eine Auswahl.

Dann lassen sie also auch etwas weg.

Ja, die Chronik sollte nicht zu dick werden.

Also ist sie doch nicht komplett.

Genau. Es kann kein vollständiges Bild einer geschicht-
lichen Epoche geben – weder von einem Tag noch von
einem Jahr und erst recht nicht von einem Jahrhundert.

Aber vielleicht wenn man 100 Meter Chronik hätte?

Zeit-Zeugen und Zweit-Zeugen.

Der Zeit-Zeuge ist vor allem Zeuge seiner Zeit, seiner Lebenszeit, die in einem bestimmten politischen und gesellschaftlichen Kontext stattfindet. Jede Zeit-Zeugin sieht
mit ihren Augen nur das, was sie sehen kann und will. Das
Ergebnis ist eine persönliche Wahrheit. Es kann auch ganz
andere Wahrheiten geben. Wenn zwei auf dasselbe schauen,
sieht der eine eher das und die andere eher dies. Und meistens gibt es dahinter noch etwas Drittes, das beide nicht sehen. Oft genug erfährt man davon nur von Zweit-Zeugen. Das
sind diejenigen, die sich von einem Ereignis betroffen fühlen,
es aber nur aus zweiter Hand kennen d.h. vom Hören-Sa-
gen oder aus der Zeitung oder den anderen Medien oder von
Wissenschaftlern.

OPA, das ist mir jetzt zu kompliziert.

    Ja, ich habe sehr abstrakt gesprochen.

Geht es auch konkret?

    Ich will dir mal ein Beispiel erzählen: Stell Dir vor, Dein Papa wird in einen kleinen Auto-Unfall verwickelt.

Opa, wir haben doch gar kein Auto …

    Wie gut, dass ich so kluge Enkelkinder habe. Also, ich hatte vor einiger Zeit einen Unfall mit dem Auto. Auf der Stapenhorststraße ist kurz vor einer Ampel ein anderes Auto in unser Auto hinten rein gefahren.

Das war doch, als die Oma danach über Schmerzen im Nacken und Rücken geklagt hat.

    Ja, und deshalb haben wir die Polizei gerufen und die ist auch gekommen und hat alles aufgenommen und dann ist es schließlich noch zu einem Gerichtsprozess gekommen.

Opa, warum bist du vor Gericht angeklagt worden?

    Ich bin nicht angeklagt worden, sondern ich habe das Gericht angerufen, weil der Autofahrer, der aufgefahren ist (und seine Versicherung) den Schaden nicht anerkennen wollten und meinten, ich hätte zu plötzlich gebremst.

Das ist ja spannend, da wäre ich gerne dabei gewesen.

    Ich erzähle dir, wie es ausgegangen ist. Das Gericht hat drei Zeugen gehört. Deine Oma, den Fahrer des aufgefahrenen Autos und eine Frau, die am Straßenrand stand und alles mit angesehen hatte.

Drei Zeitzeugen …

    … ja, das waren Zeitzeugen im wahrsten Sinne des Wortes. Vor Gericht heißen sie *Augenzeugen* und haben eine wichtige Funktion. Sie sollen mit dem, was sie gesehen haben, helfen, die Wahrheit herauszufinden. Auf dieser Grundlage muss das Gericht sein Urteil fällen – das „richtige und wahre" Urteil.

Das war doch einfach, die Wahrheit ist doch klar.

    Denkst du. Der andere Autofahrer hat ausgesagt, ich hätte unvermittelt und ohne Grund ganz heftig gebremst. Deine

Über die Chancen, sich das Vergangene von
Zeitzeugen erzählen zu lassen.

Kapitel V

Oma hat gesagt, ich sei langsam auf die Ampel zugefahren und plötzlich hätte es gerumst. Und die Fußgängerin hat ausgesagt, der andere Autofahrer hätte kurz vorher noch ein anderes Auto überholt.

Ich verstehe jetzt: Jede der drei Zeuginnen hat auf etwas anderes geachtet und ihre eigene Wahrnehmung berichtet.

So ist es, und aus diesen Wahrnehmungen muss das Gericht sich sein eigenes Bild machen und zu einem einzigen Ergebnis kommen.

Und, wie ist es ausgegangen?

Die Versicherung musste den Schaden am Auto voll bezahlen. Aber die Behandlungskosten für Oma wurden nur zu einem kleinen Teil anerkannt.

War Oma sauer?

Sauer nicht gerade, aber sie fand das ungerecht und ...

Der andere Autofahrer ...

... fand das Urteil auch nicht richtig und schimpfte am Ende über das Gericht und den Richter. Was das denn für ein „Jurist" gewesen sei.

Ich bin auch ein Zweit-Zeuge.

Hm.

Gestern gab es auf dem Schulhof einen Streit.

Und?

Ich war nicht dabei.

Also kein Augenzeuge.

Nein, aber ich bin vom Lehrer befragt worden zu meinem Freund.

Und?

Ich habe gesagt, dass der andere meinen Freund auch schon früher einmal beleidigt hätte und dass mein Freund gesagt hat, damals, lass ihn doch reden, und dass der dann gesagt hat, warte ab, ich krieg dich noch ...

Opa, Du warst doch dabei!

Wie schön, wenn Enkelkinder fragen. Wie spannend, wenn sie die Großeltern als Zeit-Zeugen entdecken. Aber wo soll ich anfangen? Was wollen die Enkel wissen? Was können sie sich vorstellen?

Wenn ich auf mein Leben schaue, dann bin ich Zeitzeuge für fast sieben Jahrzehnte – also ziemlich genau für die Entwicklung der Bundesrepublik Deutschland seit ihrer Gründung und der Verabschiedung des Grundgesetzes (GG). Auf dieser gedachten Zeitleiste vom 23. MAI 1949 bis heute gibt es unzählige Ereignisse, die in meine Lebenszeit fallen – kleine und große, Bedeutsames und Alltägliches. Wonach wähle ich aus?

Meistens war ich nur ein beobachtender Teil des Ereignisses, habe nur einen winzigen Ausschnitt wirklich selbst erlebt und ganz selten so wahrgenommen, dass ich sagen kann: So war es. Gleichzeitig gibt es diese Frage: „Wo warst du als ...?"

Historische Begebenheiten sind meistens der Anlass für die Geschichten zu „Ich weiß noch genau, wo ich war als ...!" Meine Geschichten brauchen auch diesen Anlass. Gleichzeitig sind sie nur ein kleiner, oft zufälliger Teil einer vielfältigen, vielschichtigen und verschiedenartigen Menge von möglichen Wahrnehmungen. Auch als Teilnehmer komme ich meistens nicht umhin, mein eigenes Bild von dem Ereignis durch Zweit-Zeugen zu ergänzen oder auch zu verändern. Allein die Frage nach der Zahl der Teilnehmer einer Demonstration zeigt das Dilemma: Es waren unendlich viele Demonstranten – Wie viele würdest Du schätzen – Ja, der ganze Platz war gefüllt – 1000 Menschen – Nein, viel viel mehr. Die Polizei sprach von 500. Die Veranstalter von 800.

Hinzu kommt, dass die eigene Aufmerksamkeit auf die Ereignisse um einen herum auch von den persönlichen und beruflichen Interessen (mit)bestimmt wird. Wenn ich meine Interessen – und damit meinen Blickwinkel – mit Überschriften versehen sollte, dann bestimmen die Themen „Krieg und Frieden" sowie „Demokratie und Gerechtigkeit"

Über die Chancen, sich das Vergangene von
Zeitzeugen erzählen zu lassen.

Kapitel V

*meine Geschichten – und das vor dem Hintergrund eines „teuflischen
Duos": Der Corona-Pandemie und der Klimakatastrophe.*

NIE WIEDER KRIEG

OPA, was hast Du erlebt, als du so alt warst wie wir?

Oh je, da muss ich schwer nachdenken. Das war in den
50er Jahren. Die Bundesrepublik Deutschland war noch
jung – so wie ihr. Wir Kinder haben ja noch in den Trüm-
mergrundstücken gespielt. Und ich habe noch gut den
Satz im Ohr: „Nie wieder Krieg".

Wer hat sich den denn ausgedacht?

Eine schon damals in Deutschland sehr berühmte Künst-
lerin hat für den „Mitteldeutschen Jugendtag" in Leipzig
1924 ein Plakat entworfen. Ihr Name ist Käthe Kollwitz.
Zu sehen ist eine Zeichnung von einem verzweifelten
Menschen, der mit zum Himmel gereckter Hand „Nie
wieder Krieg" zu rufen, nein, zu schreien scheint.

1924?

Ja, das war nach dem Ersten Weltkrieg. Aber auch schon
damals hatten die Menschen die Nase voll von Krieg und
Elend.

Aber der Zweite Weltkrieg kam dann trotzdem.

Ja, leider. In diesem Krieg wurde der jüngste Sohn meiner
Großmutter getötet; mein Onkel bekam einen Streifschuss
ab, sodass er seinen linken Arm nie mehr voll benutzen
konnte. Mein Vater war in Russland im Einsatz gewesen
war und ...

Erzähl weiter.

Deshalb war in unserer Familie das Plakat „Nie wieder
Krieg" von 1924 allen bekannt.

Und dann?

Nach dem Zweiten Weltkrieg waren sich die meisten Menschen einig: Nie wieder Krieg! Und die vier Siegermächte

des Zweiten Weltkrieges wollten unbedingt verhindern, dass Deutschland noch mal einen Krieg anfangen könnte. Sie haben versucht, den Deutschen die Demokratie beizubringen. Sie haben Deutschland in vier Besatzungszonen eingeteilt. Sie haben bestimmt, was zu geschehen hat und alles geregelt. Sie haben erklärt, dass sich Deutschland eine neue Verfassung geben müsste und festgelegt, was unbedingt darin stehen sollte: Deutschland wird ein demokratischer, sozialer und rechtsstaatlicher Bundesstaat. Aber bevor diese Verfassung, die dann Grundgesetz genannt wurde, fertig war, haben sich die Siegermächte zerstritten. Die USA, die Briten und die Franzosen auf der einen Seite und die Sowjetunion mit Russland auf der anderen Seite. Es begann ein „kalter Krieg" zwischen Ost und West. Die Bundesrepublik Deutschland (BRD), die am 23. MAI 1949 gegründet wurde, stand für den Westen; die Deutsche Demokratische Republik (DDR), die am 7. OKTOBER 1949 entstand, repräsentierte den Osten. Die BRD musste sich entscheiden, wie sehr sie auf der Seite der Westmächte stehen wollte. Sie entschied sich, zu 100 Prozent zum Westen gehören zu wollen – wirtschaftlich, politisch, kulturell und militärisch.

Aber an all diese wichtigen Ereignisse kann ich mich gar nicht erinnern. Ich bin zum Zweitzeugen geworden – später, auf der Schule, als wir davon gehört und darüber gesprochen haben und ich nachlesen konnte, was alles passiert war.

OPA, dann hat das alles mit Dir persönlich ja gar nichts zu tun?
Doch. Die deutsche Regierung hat sich damals entschieden, wieder eine eigene Armee aufzubauen, die Bundeswehr (BW).
Aber du hast doch gesagt „Nie wieder Krieg".
Ja, und genau darüber wurde gestritten. Die einen meinten,

eine Armee sei notwendig, um sich verteidigen und somit
Krieg gewissermaßen durch Abschreckung verhindern zu
können.

Und die anderen?

Die meinten, man müsse doch aus dem Zweiten Weltkrieg
seine Lehren ziehen; so wie es das Grundgesetz (GG) getan hat. Darin steht: Alle Handlungen, die das friedliche
Zusammenleben der Völker stören könnten, sind ver-
fassungswidrig und unter Strafe zu stellen; die Herstellung von Kriegswaffen wurde von der Genehmigung der
Regierung abhängig gemacht; und niemand sollte gegen
sein Gewissen zum Kriegsdienst mit der Waffe gezwungen werden können.

Und weiter?

Die BW wurde aufgebaut und ich wurde wehrpflichtig.

Was ist wehrpflichtig?

Jeder junge Mann, der gesund war, sollte für ein Jahr
(und mehr) in dieser BW als Soldat ausgebildet werden
und dort „dem Vaterland dienen", so nannte man diese
Verpflichtung damals.

Was wäre denn gewesen, wenn du dich geweigert hättest –
wegen „Nie wieder Krieg!"?

Ich hätte den Kriegsdienst mit der Waffe verweigern
können. Das war ja im GG in Artikel 4 III ausdrücklich
vorgesehen.

Warum hast du das nicht gemacht?

Meine Eltern haben mir die Entscheidung überlassen.

Ja, leider. *Nachdenkliche Pause.*

Obwohl die den Krieg erlebt hatten?

Ja, und ich hatte keinen Lehrer, der mich angeregt hätte,
darüber genauer nachzudenken.

Und deine Klassenkameraden?

Einige mussten nicht zur BW. Verweigert hat keiner.

Die Enkelkinder drängen sich aufgeregt um den Opa.

Opa, muss ich auch zur BW?

Zur Zeit gibt es keine Wehrpflicht mehr. Die wurde zum
1. JULI 2011 ausgesetzt; zugleich wurde ein freiwilliger Wehr-
dienst von sechs bis 23 Monaten geschaffen. Für Männer und
Frauen gleichermaßen.

Opa, ich will aber zur BW.

Opa staunt über seine Enkelin. Drei Enkel kichern in sich hinein:
Zum Piepen, das ist doch nichts für Mädchen...

Du bist doof, ich bin manchmal viel stärker als Du...

Opa versucht durch Aufklärung einen heftigen Streit zu
vermeiden. Hört mal zu: Ihr habt beide Recht.

Wie aus einem Munde: Das geht nicht ...

... doch. Bis zum Jahre 2000 war im GG geregelt, dass Frauen
auf keinen Fall zum Dienst mit der Waffe verpflichtet werden
dürften.

Siehste, nix für Mädchen!

Wartet ab. Dann gab es in den 90er Jahren eine junge Frau,
die wollte – wie du – unbedingt zur BW. Sie bewarb sich
als Freiwillige und wurde abgelehnt. Das fand sie ungerecht, wo doch Männer und Frauen angeblich gleichbe-
rechtigt sein sollen.

Was hat die Frau dann gemacht?

Sie zog vor Gericht, besser gesagt: vor das Verwaltungs-
gericht und meinte, das deutsche Recht könne ihr nicht
verbieten, was das europäische Recht ihr erlaube: Nämlich
die volle Gleichberechtigung auch in der Berufswahl. Das
Gericht sah das auch so. Es musste aber vor einer Entscheidung den Europäischen Gerichtshof (EuGH) nach
dessen Meinung fragen. Auch der gab der jungen Frau
Recht. Und sie durfte zur BW.

Europa!

... das klingt wie Euer Opa...

Das ist wirklich kompliziert mit Europa und der Europäischen Union – deren Bürger ihr übrigens seid – aber
das ist eine andere Geschichte und die soll ein andermal
erzählt werden.

Über die Chancen, sich das Vergangene von
Zeitzeugen erzählen zu lassen.

Kapitel V

GEWISSENSPRÜFUNG

OPA, in der Enkel-Kiste haben wir ein Buch gefunden: „Die
Gewissensprüfung. Der Verweigerer gibt nicht auf." Da steht
dein Name drauf. Bist du das, der …

Ja, das ist mein Buch.

Worum geht es da?

Um Gewissensentscheidungen.

Ich dachte um Kriegsdienstverweigerung?

Das hängt eng miteinander zusammen. Das GG erlaubt
die Kriegsdienstverweigerung aus Gewissensgründen.
Aber der Betroffene musste seine Gewissens-Entschei-
dung begründen und vor einem Ausschuss verteidigen.
Das war wie eine Gewissens-Prüfung.

Aber wenn jeder einfach sagen kann, mein Gewissen …

Was ist das Gewissen? Wie kann man es prüfen? Was sind
die Folgen für die jungen Männer, denen ihre Gewissens-
entscheidung nicht geglaubt wird? Ein bekannter Krimi-
und Jugendbuchautor hat dazu den Wolfgang Bieber
erfunden und ein Buch „Der Verweigerer" geschrieben.
Er wollte damit den jungen Männern helfen, mit den
Entscheidungen der „Gewissensrichter" fertig zu werden. Aber am Ende wird Wolfgang nicht anerkannt. Das
sei eine „gute Übung in Demokratie", meinte der Autor
Hans-Jörg Martin. Daran könne man sehen, dass unsere
Demokratie nicht ganz so heil ist, wie sie aussieht, besser
aussehen sollte.

„Der Verweigerer gibt nicht auf", weil …

… er sich ungerecht behandelt fühlt. Am Ende kann es
sein, dass Wolfgang Bieber drei mal als Kriegsdienstverweigerer abgelehnt worden ist und dann schlimms-
tenfalls zur BW eingezogen wird. Gegen seine innere
Überzeugung.

Ist das tatsächlich passiert?

Leider viel zu oft.

OPA, noch eine Frage: Was macht der Wolfgang Bieber jetzt wohl?

Der ist doch ausgedacht.

Aber nicht ganz, oder?

Stimmt.

Was könnte er denn jetzt machen?

So wie ich den Wolfgang Bieber kenne, könnte er Mitglied in der DFG-VK geworden sein.

In was?

Seit 1892 gibt es eine Deutsche Friedensgesellschaft. Gegründet von einer Pazifistin, Friedensforscherin und Schriftstellerin: Bertha von Suttner, die 1905 als erste Frau den Friedensnobelpreis erhalten hat.

Echt cool.

Viele Jahrzehnte später hat sich die DFG mit den Vereinigten KriegsdienstgegnerInnen zur DFG-VK zusammengeschlossen. Wer da Mitglied wird, bekennt sich zu einer Grundsatzerklärung.

Wie lautet die Grundsatzerklärung denn?

„Der Krieg ist ein Verbrechen an der Menschheit. Ich bin entschlossen, keine Art von Krieg zu unterstützen und an der Beseitigung aller Kriegsursachen mitzuarbeiten."

Opa, Miquel hat erzählt, seine Mutter hätte gesagt, es lägen noch immer Kriegsfolgen in der Erde.

Wohnt er in dem sogenannten Klinikviertel?

Ja, genau, woher weißt du das?

Ich vermute, dass er mit seiner Mutter, seiner ganzen Familie und vielen anderen Menschen aus dem Viertel die Wohnungen für ein Wochenende räumen musste.

Genau das hat er erzählt.

In unserer Zeitung stand: Bombensuche legt einen ganzen Stadtteil still. 14 000 Menschen waren betroffen.

Warum?

Weil bei Bauarbeiten zwei große Bomben aus dem Zweiten Weltkrieg entdeckt wurden. Sogenannte Blindgänger.

Über die Chancen, sich das Vergangene von
Zeitzeugen erzählen zu lassen.

Kapitel V

Blindgänger?

Bomben, die nach dem Abwurf aus dem Flugzeug nicht explodiert sind – glücklicherweise – aber in der Stadt explodieren sollten und heute noch immer explodieren könnten.

Alle wie aus einem Munde: Krass!

Auch zwei Krankenhäuser lagen in dem gefährdeten Gebiet. Die kranken Menschen wurden in andere Krankenhäuser verlegt. Einige wurden in einen sicheren Keller gebracht.

Und dann, was ist mit den Bomben passiert?

Beide Bomben wurden von Leuten, die das gelernt haben, entschärft, d. h. unschädlich gemacht.

Da hätte ich aber Angst gehabt.

Ich auch.

Das war ja wie im Krieg ...

Somit hat der Krieg uns heute noch einmal erreicht, über 75 Jahre nach seinem Ende. Das meinte die Mutter deines Freundes wahrscheinlich mit den Kriegsfolgen, die noch im Boden liegen – das ist übrigens gar nicht so selten.

Und Wolfgang Bieber, was könnte der noch gemacht haben, als nicht anerkannter Kriegsdienstverweigerer?

Ich denke, Wolfgang Bieber hätte im Rahmen der Friedensbewegung vielleicht eine Menschenkette gegen die Stationierung der Pershing II Raketen mit organisiert oder er hätte sich in der Zentralstelle für Recht und Schutz der Kriegsdienstverweigerer aus Gewissensgründen engagiert oder hätte sich als Friedensfachkraft ausbilden lassen beim Forum Ziviler Friedensdienst.

Hat er Kinder?

Mittlerweile wäre er auch schon 60 Jahre alt geworden. Ich glaube sicher, dass er Kinder hat und jetzt schon Großvater ist.

TOTENTANZ

OPA, was habt ihr denn gemacht in der Friedensbewegung?

Wir haben viel protestiert und demonstriert.

Was noch?

Wir haben Plakatwände mit unseren Parolen beklebt.

Da hat der Kalte Krieg aufgehört?

Ich höre sehr wohl den ironischen Unterton bei dir.

OPA, welche Aktion war denn deiner Erinnerung nach
die beste?

Da muss ich gar nicht lange überlegen.

Opa, kein Ratespiel. Erzähl schon.

Es war der 23. DEZEMBER 1985.

Kurz vor Weihnachten?

Ja, das kam so: Im November hatten wir öffentlich zur
Teilnahme an einer Blockade in Mutlangen gegen die dor-
tige Raketenstationierung aufgerufen. „Die Stationierung
von Massenvernichtungsmitteln auf dem Bundesgebiet
stellt die Vorbereitung von Massenmord dar." Zwei Jahre
vorher hatte der deutsche Bundestag den amerikanischen
Präsidenten ermächtigt, in der Bundesrepublik Raketen
vom Typ Pershing II und Cruise Missiles zu stationieren
und über den Abschuss alleine entscheiden zu können.

Vor wem sollten denn die Raketen schützen?

Die Sowjetunion hatte ähnliche Raketen – sogenannte
SS 20 – in Richtung Europa stationiert. Wir hatten ernsthaft Angst vor einem Atomkrieg in Europa.

Das wäre dann ein „heißer" Krieg geworden?

Ein sehr heißer, in dem alles Lebendige und alles Tote
in Europa hätte verbrennen können. Deshalb wollten
wir möglichst viele andere Menschen über diese Gefahr
und unsere Sorge informieren. Wir haben uns auf einen
mittelalterlichen Brauch besonnen, den Totentanz.

Totentanz?

Über die Chancen, sich das Vergangene von
Zeitzeugen erzählen zu lassen.

Kapitel V

Im Mittelalter brachten Seuchen und Epidemien den
Menschen oft Krankheit, Elend und Tod. Wie die Pest.
Es gab keine medizinischen Mittel dagegen. Es blieb den
Menschen nur, ihre Mit-Menschen vor der drohenden
Gefahr zu warnen: durch den Totentanz. Seht her, wenn
ihr nicht aufpasst und euch schützt, holt euch der Tod.
Schwarz gekleidete Männer und Frauen zogen durch die
Städte und Gemeinden, schlugen mit Stöcken auf den
Boden und riefen so die Menschen zusammen.

Das ist ja gruselig.

Genau das war auch unsere Absicht. Schwarz gekleidet
zogen wir mit weiß gemalten Gesichtern durch Mutlangen
bis zu dem Raketen-Gelände und setzten uns dort vor das
Tor des Militärlagers, um die Lastwagen an der Zufahrt zu
hindern.

Und dann?

Dann kam ein Lastwagen und hielt vor uns an, um uns
nicht zu überfahren. Die Polizisten forderten uns drei mal
auf, die Straße freizugeben. Dieser Aufforderung sind wir
nicht gefolgt und wurden dann von den Polizisten zur
Seite getragen und der Lastwagen konnte weiterfahren.

Dann hat die ganze Aktion ja nichts gebracht!

Sie hat den kalten Krieg nicht beendet, ja. Aber sie hatte
viele Diskussionen und Auseinandersetzungen über den
Sinn, besser Unsinn, von Atomwaffen zur Folge.

Mit den Polizisten?

Auch mit denen, soweit das möglich war, denn die waren
verständlicherweise sauer, dass sie kurz vor Weihnachten
unseretwegen noch so einen Einsatz hatten. Aber alle
14 TeilnehmerInnen wurden angeklagt und nach Verhandlungen vor dem Strafgericht auch verurteilt. Wegen
Nötigung.

Was ist Nötigung?

Das kennt ihr doch auch: Es bedeutet, jemanden heftig zu
etwas zu drängen oder gar zu zwingen …

... zum Zähneputzen

... zum Schularbeiten machen

... zum Zimmer aufräumen ...

... zum am Tisch sitzen bleiben, bis alle aufgegessen haben ...

Und vieles andere mehr. Das Gericht hat gesagt, ihr habt den Lastwagen mit Gewalt zum Anhalten gezwungen und das war verwerflich.

Verwerflich? Schlecht?

Ja, das war damals die Auffassung der Gerichte: Wir hätten mit der Sitzblockade den Lastwagenfahrer durch körperlich vermittelten Zwang gewaltsam am Weiterfahren gehindert.

Ich verstehe das nicht. Ihr wolltet doch etwas Gutes?

Ja, unsere guten Absichten sollten hierbei nicht wichtig sein, nur bei der Strafe ...

Opa, musstest du ins Gefängnis?

Nein, wir mussten eine Geldstrafe zahlen.

Opa, ist das heute immer noch so mit der Nötigung?

Nein, stellt euch vor, etwa 10 Jahre später hat das höchste Gericht seine Ansichten zu dieser Frage geändert.

Da habt ihr echt Pech gehabt.

NIEMAND HAT DIE ABSICHT EINE MAUER ZU BAUEN

OPA, an welches politische Ereignis kannst du dich als erstes wirklich erinnern?

Am 13. AUGUST 1961 war ich mit einem Schulfreund in Dänemark. Mit dem Fahrrad. Wir haben die Hauptstadt Kopenhagen erkundet und über diese Stadt und die vielen Dinge gestaunt, die anders waren, als wir sie kannten. An diesem Tag wurde mitten durch Berlin eine Mauer gebaut. Aber ich muss zugeben: so richtig verstanden habe ich nicht, was da am 13. AUGUST passiert ist – glücklicherweise – denn dieser Mauerbau hätte auch zu einem Krieg führen können.

Über die Chancen, sich das Vergangene von
Zeitzeugen erzählen zu lassen.

Kapitel V

Opa, wer hat denn diese Mauer überhaupt gebaut und warum?

Das ist eine längere Geschichte.

Spann uns nicht auf die Folter. Erzähl schon.

An der Bernauer Straße – die kennt ihr doch, da wird noch
an den Verlauf der Mauer mit Stelen erinnert, wir fahren
oft mit der Straßenbahn vorbei – und vielen anderen
Straßen rollten Volkspolizisten, die Vopos, Stacheldraht
aus. Die Menschen standen sprachlos davor. Es gibt ein
ganz beeindruckendes Foto: Auf dem springt ein Vopo
in Uniform und mit seiner Waffe in der Hand über den
Stacheldraht, um in den Westteil von Berlin zu gelangen.
In den folgenden Tagen und Wochen wurde dann tatsächlich eine Mauer – Stein für Stein – aufgebaut.

Super krass.

Das stimmt, denn wenige Wochen zuvor hatte der DDR-
Staatsratsvorsitzende Walter Ulbricht ...

Wer?

Was bei uns der Bundeskanzler war, hieß in der DDR so.
Auf einer Pressekonferenz sagte er wörtlich: „Niemand
hat die Absicht, eine Mauer zu errichten."

Konnte jetzt niemand mehr von West nach Ost-Berlin und
umgekehrt reisen?

Es gab sogenannte Grenzübergänge, z. B. die Bornholmer
Brücke – die kennt ihr Berliner doch vom Weg zur Kita –
die war so ein Übergang. Aber man brauchte in jedem Fall
besondere Papiere.

Und dann?

Jetzt gab es, wie ihr ja schon wisst, nicht nur zwei
Deutschlands, sondern auch eine strikte Grenze in Berlin,
an der auch auf Flüchtlinge geschossen wurde.

Mega krass!

Viele Menschen waren bereits aus der DDR in die BRD
geflohen. Das sollte jetzt durch die Mauer in Berlin und
eine befestigte Grenze zwischen den beiden Ländern
verhindert werden.

Und wie ging es weiter?

>Die Regierungen haben sich von da an noch heftiger gestritten als vorher. Sie haben gegenseitig mit dem Finger auf den anderen gezeigt. Besonders auch in der Atomtechnologie: Die DDR hatte schon 1956 einen Forschungsreaktor und 10 Jahre später ihr erstes Atomkraftwerk (AKW) in Rheinsberg in Betrieb genommen; in der BRD entstand der erste Versuchsreaktor 1957, das erste AKW ging 1962 ans Netz. Der Grund für die Auseinandersetzungen betraf vor allem die Sicherheit. Von der DDR wurde behauptet, dass ein sozialistisches AKW ein gutes AKW sei, weil es im Interesse des Volkes genutzt werde; während die westdeutschen AKW schlecht und gefährlich seien, weil sie nur dem Profit der Betreiber dienten. Es gab ein ständiges Sich-Beschuldigen: „Der ist schuld, nein der! Der macht alles schlecht, nein der!" Aber beide Staaten nannten sich deutsch und demokratisch.

Ost und West.

BRD und DDR.

>Genau. Zwei verschiedene Systeme.

Erzähl weiter.

>Das ist eine lange Geschichte. Sie dauerte 28 Jahre, 3 Monate und 29 Tage. Die soll nun wirklich ein anderes Mal erzählt werden.

Genau.

Zwei verschiedene Systeme.

Zwei Wahrheiten.

Schwarz und Weiß.

AKW NEE

OPA, was ist das für ein Stock, der bei euch im Flur steht?

>Das ist mein Wanderstock.

Wanderstock?

Als Eure Eltern noch Kinder waren, kleiner und jünger
als ihr, habe ich mit meinem Freund eine Wanderung
gemacht. Und wir haben uns Wanderstöcke geschnitzt.
Aber da steht was drauf.
Ja, AKW Nee.
Und ein Fragezeichen.
Das hat seinen Grund.
Na welchen, erzähl endlich.
Um 1975 plante die Landes-Regierung Baden-Württem-
berg, weitere 13 Kernkraftwerke zu bauen, davon fünf
im Rheintal zwischen Mannheim und Basel. Aus dem
Widerstand gegen diese Pläne entstand eine neue soziale
Bewegung. Man kann sagen, dass der Bauplatz um das
AKW Wyhl als Beginn der sogenannten Atomkraft-nein-
danke-Bewegung (AKW NEE) angesehen werden kann.
Sie richtete sich gegen die atomar ausgerichtete Industrie-
gesellschaft einerseits und kämpfte für Umweltschutz
und alternative Lebensformen andererseits.
Der damalige Ministerpräsident Hans Filbinger ging
besonders hart gegen die lokalen Bürgerinitiativen vor.
Als am 18. FEBRUAR 1975 der Bauplatz in Wyhl besetzt
worden war, ließ Filbinger den Bauplatz von einem großen
Polizeiaufgebot räumen und ordnete eine weitere Räu-
mung „mit allen Mitteln" an. Tatsächlich blieb der Bauplatz neun Monate lang besetzt. Wyhl wurde zum ersten
Symbol von AKW NEE.
Aber warum dann das Fragezeichen auf Deinem Stock?
Weil trotz der immer stärker werdenden AKW NEE-
Bewegung die Atombetreiber im Aufwind waren. Weder
die lange Liste der Störfälle noch die hervorragende
Aufklärungs- und Informationsarbeit der AKW-Bewe-
gung und vieler WissenschaftlerInnen vermochte die
verantwortlichen PolitikerInnen zur Einsicht zu bewegen.
Drei schwere Katastrophen waren notwendig, um ein Um-
denken möglich zu machen.

OPA, welche Katastrophen?

Die erste Katastrophe ereignete sich am 28. MÄRZ 1979 in HARRISBURG, Nordamerika. Das AKW Three Mile Island erlebt den bisher schwersten „Störfall" in der Geschichte der friedlichen Nutzung der Kernenergie, so lautet der Tenor der meisten Presseberichte.

Ich erinnere mich noch gut daran, wie unter unserem Fenster der Demonstrationszug über die Friedrich-Ebert-Straße zog. Wir hatten ein großes Plakat in das Fenster gehängt: „AKW Nee – Ein Three Mile Island ist genug." Eure Mutter lag in ihrem Bettchen und schlief gerade. Wir wussten damals viel zu wenig von dem wahren Ausmaß der Katastrophe. Die Zeitungen schrieben von einem „Unfall in Harrisburg". Erst später wurde nach und nach publik, dass in der erst drei Monate alten Anlage das Kühlsystem zusammen gebrochen war, das Ersatzsystem versehentlich abgeschaltet wurde und letztlich die Gefahr einer Explosion bestand. 200 000 Bewohner, die vorsorglich evakuiert worden waren, kehrten trotz der erhöhten Radioaktivität in die verseuchte Gegend zurück. 1,5 Millionen Liter „leicht verseuchtes" Kühlwasser wurden in den Fluss geleitet. Viele glaubten damals, das sei das Ende der Atomtechnologie.

Stimmte das nicht?

Weit gefehlt. Es dauerte ziemlich genau 7 Jahre bis zur zweiten Katastrophe.

Die fand am um 1 Uhr 23 in TSCHERNOBYL in der Ukraine statt. Die gehörte damals noch zur UdSSR. In dieser Nacht explodierte der Reaktor-Block 4. Eine unvorstellbare Katastrophe. Aber wir in Europa und in Deutschland hörten davon erst einmal nichts, weil die Russische Regierung diesen Vorfall zu vertuschen suchte. Erst zwei volle Tage später, am 28. APRIL, wurde in bundesdeutschen Nachrichtensendungen mitgeteilt, dass sich die Radioaktivität in Dänemark und Schweden um

Über die Chancen, sich das Vergangene von
Zeitzeugen erzählen zu lassen.

Kapitel V

das 15-fache erhöht habe. Nach Ansicht schwedischer
Experten stammte die Radioaktivität mit Sicherheit aus
einem sowjetischen Kernkraftwerk. Am 29. APRIL wird
in Moskau das Ereignis erstmals als eine „Katastrophe"
bezeichnet, nachdem vorher immer von einer „Havarie"
berichtet worden war. Am 30. APRIL ist die Radioaktivität
in einigen Bundesländern um ein Vielfaches angestiegen.
Das Wetteramt München misst 150 Becquerel pro Kubik-
meter gegenüber dem Normalwert von 1 bis 10 Becquerel.
Der Regen bringt circa 80 Prozent der Radioaktivität
auf den Boden. Die Behörden warnen die BürgerInnnen
allerdings nicht vor dem Verlassen des Hauses.
Das war der Beginn einer qualvollen Phase von Unsicher-
heit und Angst vor den möglichen Gefahren in ganz
Europa. Die Bundesregierung wiegelte ab und betonte vor
allem die Sicherheit der eigenen AKW. Aber alle Eltern
waren getrieben von großer Sorge: Die Kinder durften
nicht ins Freie; Spielen im Sandkasten war Tabu; der Ver-
zehr von Milch umstritten.

Im Laufe der Zeit wurde das Ausmaß der Katastrophe
immer offensichtlicher. Heute wissen wir ziemlich genau,
was passiert ist. 2019 ist eine amerikanische Miniserie erschienen: „Chernobyl." Fast wie in einer Dokumentation
wird der Zeitpunkt der Katastrophe am 26. APRIL 1986
um 1:23 Uhr nachgezeichnet; samt den Versuchen, das
wahre Ausmaß der Gefahren zu ignorieren bzw. klein zu
halten. Es wird deutlich gezeigt, dass es die erste teilweise
Kernschmelze dieses Ausmaßes in der Geschichte der
Atomtechnologie ist. Der Initiative und dem Mut einzel-
ner Wissenschaftler, Arbeiter, Ingenieure und auch einem
Funktionär war es zu verdanken, dass dieser Prozess
gestoppt werden konnte. Gerade wütet ein großes Feuer
in den Wäldern um das AKW. Es sieht so aus, als wolle der
Klimawandel auch hier ein Zeichen setzen.

Bis heute gibt es erhöhte Radioaktivitätswerte von Früchten und Pilzen, besonders bei denen aus Polen; sogar bei Wildschweinen im Bayerischen Wald. Das Schlimmste ist, dass wir nicht wirklich aus der Katastrophe von Tschernobyl gelernt haben. Weltweit sind neue AKWs im Bau. Unsere Nachbarn in Frankreich und Belgien betreiben gefährliche Atomreaktoren und finden nichts dabei. Wenn es zu einem Unfall kommt, macht die radioaktive Wolke – wie wir jetzt erlebt haben – an den Landesgrenzen nicht halt.

HEIM STATT TSCHERNOBYL

OPA, wo liegt Tschernobyl eigentlich?

Tschernobyl liegt in der Ukraine, ganz nah an der Grenze zu Weißrussland, das heute Belarus genannt wird. Aber beide Länder gehörten zur damaligen UdSSR, der Union der Sowjet-Republiken.

Der Wind wehte in jenen Tagen so, dass Kiew, die Hauptstadt der Ukraine, relativ verschont blieb, während ein sehr großes Gebiet von Belarus – die sogenannte Gomel-Region – die meiste radioaktive Strahlung abbekam mit sehr hoher Dosis.

Warst du mal in Tschernobyl?

Nein, aber in der Region Gomel.

Wie war das dort?

Die Stadt, die wir besucht haben, ließ sich nichts anmerken. Es sah aus wie in jeder mittleren Stadt: viel Verkehr, Marktbetrieb, Geschäfte. Ich erinnere mich an eine wunderbare breite Allee mit Bäumen und Bänken; die Menschen gingen am Abend bei mildem Wetter dort spazieren, saßen und unterhielten sich. In unserem Hotel herrschte morgens beim Frühstück ein reges Treiben. Nichts deutete darauf hin, dass in dieser Stadt immer

Über die Chancen, sich das Vergangene von
Zeitzeugen erzählen zu lassen.

Kapitel V

noch die Folgen der Katastrophe von Tschernobyl stecken.
Alles schien normal.

Aber Opa, du wusstest doch, dass das nicht normal war.

Das ist genau das Besondere an diesem Besuch. Ich wusste, dass die Strahlenwerte in dieser Region noch immer
relativ hoch sind; ich wusste um die hohen Gesundheits-
risiken; ich wusste von einigen Familien, welches Leid sie
nach der Katastrophe zu tragen haben.

Und du hast …

… ich schien das alles vergessen zu haben. Jedenfalls habe
ich keine Angst gespürt, mich beim Essen nicht besonders
vorgesehen und mich auch sonst „normal" verhalten.

Wie die Menschen, die dort geblieben sind?

Genau so scheint es zu sein. Ich kann die Menschen, die
nicht vor den Folgen der Katastrophe in eine andere
Gegend ziehen wollen, plötzlich verstehen.

Gab es denn Möglichkeiten, aus der Region Gomel wegzuziehen?

Ja, die gab es durch einen Verein, der 1991 von engagierten BürgerInnnen gegründet worden ist und sich „Heim-
statt-Tschernobyl" nannte. Das Ziel: Umsiedlung in den
nicht verstrahlten Norden von Belarus in neue dörfliche
Strukturen. Dort wurden Häuser in einer bewährten
Holz-Lehm-Bauweise errichtet. Handwerker aus Belarus
erstellen den Rohbau, eine Holz-Ständer-Konstruktion.
In einem vierwöchigen Sommercamp machen die Umsiedler mit vielen deutschen Freiwilligen diese Häuser in
einer alten Lehmbauweise zu einem fertigen Rohbau.

Hast du da mitgebaut?

Ja, ich habe auch einmal in einem Sommercamp an einem
Lehmhaus mitgebaut. Insgesamt sind in zwei Dörfern
über 50 solcher Häuser für Umsiedler gebaut worden.

Und jetzt, werden noch weitere Häuser gebaut?

Nein, es gibt schon seit einiger Zeit nur noch ganz wenige
Menschen, die umsiedeln wollen. Der Verlust ihrer Heimat, das Zurücklassen von Freunden und Verwandten,

die Suche nach neuer Arbeit in einer unbekannten
Gegend ...

Aber wenn sie bleiben, werden sie doch krank, oder?

Die Wahrscheinlichkeit ist deutlich höher, aber es gibt
zu wenig verlässliche Zahlen. Die Menschen wollen wohl
nicht wissen, wie gefährlich es wirklich ist.

Und was macht die Regierung in Belarus, um den Menschen
zu helfen?

Die Regierung setzt auf Atomstrom. Gerade wird ein neues AKW eingeweiht und in Betrieb genommen, ganz nah
an der Grenze zu Litauen und nicht weit von dem einen
Dorf entfernt, das wir vor Jahren für die Umsiedler gebaut
haben.

Kaum zu glauben ...

... aber wahr. Ostrovez heißt das neue AKW und ist der
Stolz der Regierung.

Opa, was wäre wenn so ein Unfall bei uns passieren würde?

Die Wolke!

Die Wolke?

So heißt ein Jugendbuch, das auch verfilmt worden ist.

Ab wie viel Jahren ist der Film freigegeben?

Ab 12 Jahre. Das Buch ist noch spannender.

Opa, wir suchen mal bei YouTube.

GRÜSSE AUS FUKUSHIMA

OPA, warum Fukushima?

Wie, was, wovon sprichst du

Von dem Film: Grüße aus Fukushima.

Wie kommst du denn da drauf?

Mama und Papa waren gestern im Kino.

Und?

Sie fanden den Film gut, aber der wär noch nichts für uns,
meinten sie.

Über die Chancen, sich das Vergangene von
Zeitzeugen erzählen zu lassen.

Kapitel V

Finde ich auch.

Aber worum geht es denn überhaupt?

Es geht um die Atomkatastrophe von 2011 und eine alte
Japanerin, die sich in den Kopf gesetzt hat, in ihr altes
Haus zurückzukehren, obwohl das mitten in dem ver-
strahlten Gebiet liegt und ...

Opa, ist das die dritte Katastrophe, von der du gesprochen hast?

Genau. 25 Jahre nach Tschernobyl, am 11. MÄRZ 2011,
kam es in der japanischen Großstadt FUKUSHIMA zur
dritten Katastrophe.

„HORROR-BEBEN" hieß es auf der Titelseite der Bild-
zeitung, kombiniert mit Fotos von der Verwüstung; dann
folgende Schlagzeilen: „Mehr als 1000 Tote in Japan.
Atom-Alarm nach Tsunami. Ganze Städte verwüstet.
Milliarden-Schäden. Angst übertrieben."

Eines der stärksten jemals in Japan gemessenen Erdbeben
mit einer Stärke von 9,0 löste einen Tsunami aus. Die
Wellen waren stellenweise 40 Meter hoch, die Wasser-
massen drangen mit einer Geschwindigkeit von 800 km/h
ins Land. Im AKW Fukushima kollabierten die Kühl-
systeme und dann begann eine Serie von Unfällen in den
Reaktorblöcken, wobei erhebliche Mengen radioaktiver
Stoffe freigesetzt wurden. In Reaktor 2 kam es zu einer
teilweisen Kernschmelze. Fukushima bedeutet ironi-
scherweise auf deutsch soviel wie „Glücksinsel".

Hatten die Menschen dort denn Glück?

Über 18 500 Menschen kamen durch den Tsunami ums
Leben. Große Landstriche sind immer noch verwüstet.
Das Ausmaß der atomaren Verstrahlung ist bis heute nicht
abzuschätzen ist. Mehr als 160 000 Menschen mussten
umgesiedelt werden, viele wohnen seit dem in provisori-
schen Wohnungscontainern.

Wie war das hier für euch in Europa?

Für uns in Europa war die Situation anders als vor 25
Jahren: Japan ist weit weg. Es gibt keine Wolke, die Europa

bedroht. Die Verantwortlichen versichern, alles im Griff zu haben. Es passierte in Japan, dem Land mit modernster Technologie.

Echt traurig.

Das finde ich auch. 14 Tage später, am 24. MÄRZ 2011 veröffentlichte die Zeitung „Die ZEIT" ein ZEIT-Magazin zu Fukushima. Dort kamen 11 bis 13-jährige zu Wort, man könnte sagen, die „Generation Fukushima", so wie deren Eltern zur „Generation Tschernobyl" gehören. Die wichtigste Frage, die in verschiedenen Formulierungen immer wieder gestellt wurde, lautet: „Warum wart ihr Euch so sicher?" Abdullah, 12 Jahre aus Berlin: „Ich fühle mich unsicher. Es hieß doch, die besten Atomkraftwerke werden in Japan gebaut."

Lea, 13 Jahre aus Berlin: „Wenn ich das im Fernsehen sehe, möchte ich nicht mehr einatmen."

Antonia, 13 Jahre aus Berlin: „Die Erwachsenen sagen immer zu uns: Sortiert den Müll. Aber das in Japan ist doch viel schlimmer."

Es könnte sein, dass diese 11 bis 13-jährigen von den Bildern der Katastrophe so erschüttert sind, weil sie zum ersten Mal erfahren, dass etwas Bedrohliches wirklich passieren kann.

Mir erging es übrigens so, dass mich erst über die Worte der Kinder die nachhaltige Wirkung dieser Katastrophe emotional erreicht hat.

Was passierte danach?

Alle drei Katastrophen führten den Verantwortlichen deutlich vor Augen, dass es letztlich egal ist, ob ein solcher Unfall in den USA oder in der damaligen UdSSR oder in Japan oder sonst wo auf der Welt passiert. Die radioaktive Katastrophe ist für die Menschen immer gleich schlimm. Allenfalls der Umgang damit und die Möglichkeiten, die Folgen einzudämmen, mögen sich unterscheiden.

Über die Chancen, sich das Vergangene von
Zeitzeugen erzählen zu lassen.

Kapitel V

Und dann?

Diesmal führte diese Katastrophe wirklich zu Veränderungen: Die Bundesregierung beschoss den endgültigen Ausstieg aus der Atomtechnologie und am 30. JUNI 2011 entschied der Bundestag mit großer Mehrheit, dass das letzte Atomkraftwerk 2022 abgeschaltet werden soll.

Das ist ja schon bald!

Aber bis dahin streiten die AKW-Betreiber mit der Bundesregierung um Entschädigungen …

Die wollen Geld? Aber wofür?

Dafür, dass sie einige AKWs früher abschalten mussten, als geplant war. Aber das ist eine komplizierte Geschichte, die soll ein andermal erzählt werden.

ANTEILSCHEINE

OPA, was ist das?

Wo habt ihr das denn ausgekramt. Das wollte ich euch eigentlich nicht zeigen.

Wir haben es schon angeschaut. War in deiner Enkel-Kiste.

Das Bild?

Ja. Das sieht grausam aus. Das arme Pferd. Sind die Menschen krank?

Ihr müsst wissen, das war 1945 in Japan. Da gab es noch viele Pferdefuhrwerke. Das ist eines von vielen Bildern, die Menschen gemalt haben, die die Atombombenexplosionen am Ende des Zweiten Weltkrieges überlebt haben.

Die haben überlebt?

Ja, die haben überlebt, verletzt und mit all den schrecklichen Bildern in ihrem Kopf. Viele berichten von einem gleißenden Licht, von einem orangeroten Blitz, hell wie ein Sonnenball. Dagegen gab es keinen Schutz. 70 000 der 76 000 Häuser in Hiroshima wurden durch diese eine Explosion zerstört oder beschädigt. Ungefähr 350 000

Menschen – Japaner, aber auch chinesische Zwangsarbeiter, einige amerikanische Kriegsgefangene und ein gutes Dutzend deutscher Jesuiten – hielten sich am 6. AUGUST in Hiroshima auf. Bis Ende 1945 starben etwa 140 000 von ihnen, die meisten auf grauenhafte Art und Weise an den Folgen der Verstrahlung

Sie haben ihre Erinnerung gemalt?

Ja, aber erst 30 Jahre nach der Katastrophe.

1975?

Stimmt, du Rechenkünstler. Das Peace Museum in Chicago hat diese Bilder ausgestellt.

Und ihr …

… unsere damalige Friedensgruppe hat mit diesen Anteilscheinen wie dem, den ihr in der Enkel-Kiste gefunden habt, Geld gesammelt, um die Fotos kaufen zu können. Dann haben wir mit diesen Bildern eine Ausstellung gemacht. 40 Jahre, nachdem die Atombomben auf die japanischen Städte Hiroshima und Nagasaki abgeworfen wurden und ihr Unheil angerichtet hatten.

Opa, zeig mal die anderen Bilder …

MEIN GOTT WAS HABEN WIR GETAN

OPA, wer hat eigentlich die Bombe auf Hiroshima geworfen?

Das waren amerikanische Soldaten.

Soldaten, nicht der Präsident?

Der hat den Befehl erteilt. Präsident Truman, 1945.

Das ist ja lange her. Warum sollten wir das wissen?

Gut, dann erzähle ich euch meine Geschichte:

Es sind ja sehr oft die runden Jahreszahlen, die das Erinnern befördern. 2005, also 60 Jahre nach dem Abwurf der Atombomben auf Hiroshima und Nagasaki, waren alle Medien voll von dem, was damals passiert war. Jetzt, zwei Generationen

Über die Chancen, sich das Vergangene von
Zeitzeugen erzählen zu lassen.

Kapitel V

später, schien es leichter, die Ereignisse zu rekapitulieren und einzuordnen. Der SPIEGEL veröffentlicht eine Titelgeschichte: *„Mein Gott, was haben wir getan".* Vor 60 Jahren: Wie es zum Abwurf der Atombombe auf Hiroshima kam.

Die USA und Japan befanden sich im Krieg. Bereits 1942 hatten die Japaner den amerikanischen Hafen Pearl Harbour angegriffen. 1945 schien es, als könne der Zweiten Weltkrieg bald beendet werden. Japan wollte nicht aufgeben. Auf der Insel Okinawa liefern sich die Japaner und die Amerikaner noch im Frühjahr 1945 einen der blutigsten Kämpfe des Zweiten Weltkrieges. Danach fällt die Entscheidung für den Abwurf der Atombombe auf Hiroshima: einer Hafenstadt mit militärischer Bedeutung für den japanischen Nachschub.

Die Mannschaften der beiden Hiroshima-Bomber waren damals sehr jung, alle Anfang zwanzig. Offiziell wussten sie nichts über ihren Auftrag. Aber sie konnten sich ausmalen, dass der Abwurf dieser Bombe eine ganze Stadt vernichten würde. „Haben Sie Ihren Hiroshima-Einsatz je bereut?" wurde Van Kirk, Navigator im Hiroshima-Bomber, als 84-jähriger gefragt. „Ich bin nicht stolz auf all die Toten, aber wie sonst gewinnen Sie einen Krieg? Wenn man niemanden töten will, sollte man keinen Krieg anfangen," antwortete er. Der Co-Pilot Lewis notierte später, nachdem er auf die brennende Stadt hinunter geblickt hatte: „Mein Gott, was haben wir getan."

Mir ist erst damals bewusst geworden, welche Zufälle uns in Deutschland vor einem Atombomben-Abwurf bewahrt haben. Die USA hatten Sorge, dass Deutschland bald über eine Atombombe verfügen könnte. Deshalb hatten die Amerikaner den Abwurf der ersten Atombombe auf Deutschland geplant. Dazu kam es nicht, weil der Krieg dort bereits am 8. MAI 1945 zu Ende war. Insofern zählen die Einwohner der japanischen Städte seit dem 6. AUGUST 1945 zu den letzten Opfern des nationalsozialistischen Krieges. Eine verrückte Wendung der Weltgeschichte besteht darin, dass ausgerechnet diese Atom-

Bomben Deutschland zum Vorteil gereichten. Statt Zerstörung durch Atombomben kam es zur Stationierung von Atombomben in Deutschland. „Es war die kosmische Vernichtungskraft der neuen Nuklearwaffen, welche erstmals in der Geschichte die Weltmächte Zwang, ihre Rivalität vornehmlich friedlich auszutragen", schreibt der SPIEGEL. Trotz eines Streits auf Leben und Tod, „folgte dem zweiten Weltkrieg nicht der dritte, sondern ein kalter Krieg, der eigentlich ein langer Friede war."

Allerdings – so schreibt der SPIEGEL weiter – handelten auch schon die Väter der Hiroshima-Bombe „in dem Bewusstsein, eine Grenze zu überschreiten, hinter die es kein Zurück mehr gibt." Folgerichtig ging das Spiel mit dem Feuer weiter. Die Amerikaner führten ihre Atom-Test-Versuche systematisch weiter genau so wie die Sowjets. Sie kümmerten sich nicht um die – selbst in Friedenszeiten dramatischen – Folgen für Menschen und Umwelt. Später hat die UNESCO die Nukleartests auf den ehemals paradiesischen „Bikini Atoll" zum Zeugnis für den Eintritt ins nukleare Zeitalter erklärt.

> „Der Einsatz von Atomenergie zu Kriegszwecken ist ein
> Verbrechen, heute mehr denn je."

OPA, Ist das von Dir?

> Nein, vom Papst. Er fügte noch hinzu: „Der wahre Friede
> kann nur ein waffenloser Friede sein."

Wann war das?

> Als der Papst Hiroshima besucht hat, 2019.

MEHR DEMOKRATIE WAGEN

Es war der 28. OKTOBER 1969. Der Bundestag befand sich immer noch in dem Gebäude der ehemaligen Pädagogischen Akademie, in dem auch der Verfassungskonvent bis zur Verabschiedung des Grundgesetzes getagt hatte. Allerdings hatte der Bau durch mehrfache Aus- und Umbauten jetzt eine andere

Form. Da Bonn nur provisorische Hauptstadt sein sollte, war der Bundestag – der jetzt offiziell Bundeshaus hieß – ein auf Funktionalität ausgerichteter Zweckbau. Der Architekt hatte für den Plenarsaal eine kreisrunde Sitzanordnung vorgesehen. Die war der Bundesregierung damals zu modernistisch. Es blieb bei der ursprünglichen Sitzordnung: Die Abgeordneten sitzen von der Regierung, die auf einem erhöhten Podest sitzt, getrennt. Nach zwanzig Jahren Konrad Adenauer, Ludwig Erhard und Kurt-Georg Kiesinger von der CDU führte Willy Brandt von der SPD als Bundeskanzler die erste sozial-liberale Koalition. Die Bundesrepublik war gerade zwanzig Jahre alt. Verständlich, dass die Öffentlichkeit besonders interessiert auf diese Regierungserklärung wartete. Die Passage, an die sich bis heute die meisten Menschen noch erinnern (wenn auch in verschiedenen Interpretationen), lautet: „Wir wollen mehr Demokratie wagen." Der Satz ging noch weiter: „Wir werden unsere Arbeitsweise öffnen und dem kritischen Bedürfnis nach Information Genüge tun. Wir werden darauf hinwirken, dass nicht nur durch Anhörungen im Bundestag, sondern auch durch ständige Fühlungnahme mit den repräsentativen Gruppen unseres Volkes und durch umfassende Unterrichtung über die Regierungspolitik jeder Bürger die Möglichkeit erhält, an der Reform von Staat und Gesellschaft mitzuwirken." Und etwas später: „Diese jungen Menschen müssen aber auch verstehen, dass auch sie gegenüber Staat und Gesellschaft Verpflichtungen haben." Angekündigt wurde, das aktive Wahlalter von 21 auf 18 Jahre zu senken, die Volljährigkeitsgrenze zu überprüfen und neue Mitbestimmungs- bzw. Mitverantwortungsregeln in den verschiedenen Bereichen der Gesellschaft zu stärken. Ich hatte die Möglichkeit, diese Rede selber im Bundestag mit anhören zu können.

OPA, noch eine Frage: Wieso mehr?
    Was mehr?
Mehr Demokratie? Du hast doch gesagt, im GG stünde, dass wir eine Demokratie sind, in der alle Staatsgewalt vom Volke

ausgeht. Wo ist da Platz für *mehr*?

Das ist eine berechtigte Frage, wie kann ich das erklären. Sag mal, gibt es bei euch in der Schule Mitbestimmung? Gibt es Regeln und wie löst ihr in der Schule Konflikte?

Opa, nicht ablenken: Haben wir jetzt *mehr* Demokratie?

Einerseits und andererseits.

Das ist eine typische Erwachsenen-Antwort.

Ich wollte mich um eine konkret Antwort drücken.

Warum?

Zu kompliziert.

Ich bin doch klug, hast du selber mal gesagt.

Also, ich versuche es noch einmal. Demokratie heißt Volksherrschaft. Eine Regierung muss also für das Volk da sein und für das Allgemeinwohl arbeiten.

Tut sie das bei uns nicht?

Doch schon, das liegt aber auch daran, dass die Demokratie noch zwei wichtige Freunde hat.

Nicht elf, sondern nur zwei? Also wie heißen die?

Die heißen „Rechtsstaat" und „Sozialstaat".

Und weiter?

Sie bestimmen die grundsätzlichen Werte, an denen wir uns zu orientieren haben.

Was heißt das genau?

Hm, schwere Frage.

Eine leichte Antwort bitte.

Das Schlüsselwort heißt Gerechtigkeit.

Wenn ich dabei an meine Schule denke ...

... ja, dann ...

Finde ich es unfair, wenn bei mir die Rechtschreibfehler im Diktat gezählt werden, aber bei Anton nicht.

Das hat doch bestimmt einen Grund.

Anton ist in der Lese-Rechtschreib-Schwäche-Gruppe.

Siehst du, das finde ich gerecht.

Ich nicht.

In einem Rechtsstaat kann man ...

Über die Chancen, sich das Vergangene von
Zeitzeugen erzählen zu lassen.

Kapitel V

Opa, warum ist der Rechtsstaat denn so wichtig?

Der Rechtsstaat ist etwas Kostbares. Er sorgt für
Gerechtigkeit.

Dann ist der Rechtsstaat eigentlich ein Links-Staat?

Sehr witzig!

Opa, in dem GG, das du mir geschenkt hast, habe ich den
Begriff „Rechtsstaat" nicht gefunden.

Da hast du gut recherchiert. Es wird unter Juristen auch
immer von dem „Rechtsstaatprinzip" gesprochen, das
sich aus verschiedenen Aspekten des GG zusammensetzt,
besonders aus Artikel 20 III: „Die Gesetzgebung ist an die
verfassungsmäßige Ordnung, die vollziehende Gewalt und
die Rechtsprechung sind an Gesetz und Recht gebunden."

Hm.

Das ist schwer zu verstehen ...

Ich denke gerade noch einmal an die Demokratie ...

Da fällt mir was ein.

Und was, bitte?

Ein Loblied auf die Demokratie.

Wie heißt das Lied und wer hat es gesungen?

Das war jetzt im übertragenen Sinne gemeint.

Muss man dir alle Worte einzeln aus der Nase ziehen?

Es war das erste „Sommermärchen" des wiedervereinig-
ten Deutschland.

Ein Fußballspiel?

Nein, etwas ganz anderes, eigentlich etwas Verrücktes!
Christo und seine Frau Jeanne-Claude sind Verpackungs-
Künstler.

Okay, und was hat das mit Demokratie zu tun?

Die beiden hatten die lang gehegte Idee, den *Reichstag* ein-
zupacken. Dieses 1894 erbaute Gebäude in Berlin hat eine
sehr wechselvolle „Demokratie-Geschichte". Die soll ein
andermal erzählt werden. Im Sommer 1995 stiegen 90 Klet-
terer und 120 Arbeiter auf das Dach des Reichstages und
ließen von dort zu allen Seiten einen extra angefertigten

silbrigen Stoff fallen. Am Ende war das gesamt Gebäude
silbrig glänzend verpackt.

Wie ein Paket.

Genau. In den zwei Wochen der Verpackung kamen über
fünf Millionen Menschen nach Berlin, um sich den
Verpackten Reichstag anzuschauen

Warst du auch da?

Ja, und es war – das ist schwer vorstellbar – ein besonderer
Anblick und ein wirkliches Erlebnis.

Und die Demokratie ...

Bekam ihr Loblied. Denn die beiden Künstler sahen in
dem *Reichstag* – der ja wenig später zum *Deutschen Bundestag* umgebaut werden sollte – einen ganz besonderen
Ort, an dem sich über viele Jahrzehnte der Osten und der
Westen getroffen bzw. gegenüber gestanden haben.

Hm!

Das verhüllte Gebäude regte zur Diskussion über
Demokratie an und führte die Menschen aus allen Teilen
Deutschlands zusammen.

OPA, meine Frage ist noch nicht beantwortet ...

So?

Wieso hat Willy Brandt von „mehr" Demokratie und von
„wagen" gesprochen?

Vielleicht hatte Brandt so ein Symbol wie die Reichstags-
Verhüllung für die Demokratie im Sinn – damals bei sei-
ner Regierungs-Erklärung. Denn die Realisierung dieses
Projekts hat viele Jahre gebraucht. Die meisten Politiker-
Innen waren nicht nur skeptisch, sie waren dagegen.

Haben sie zu wenig Demokratie gewagt?

Das könnte man so sagen. Allerdings meint das GG mit
Demokratie vor allem das Funktionieren der staatlichen
Willensbildung. Brandt hatte dagegen die gesellschaft-
liche Willensbildung und ihre Beteiligung im Blick.
Letztendlich entschied sich der Bundestag mit 292 gegen
223 Stimmen für dieses Kunstprojekt.

Wer nichts wagt, der nicht gewinnt – sagt Oma immer zu uns.
Über 25 Jahre nach diesem Ereignis – aus Anlass von
Christos Tod – hat ein Abgeordneter, der damals gegen das
Projekt gestimmt hatte, eingestanden, dass das ein Fehler
gewesen wäre. Er habe sich das nicht vorstellen können,
wenn er gewusst hätte, wie begeistert die Bevölkerung ...
Hätte, hätte, Fahrradkette!

MENSCHENRECHTE und FURCHTBARE JURISTEN

OPA, sind Menschenrechte dasselbe wie unsere Grund-
rechte?
Grundsätzlich ja.
Also es kommt drauf an.
Genau.
Und worauf?
Auf den Geltungsbereich.
Geht es vielleicht noch allgemeiner?
Ich versuche mal, es zu erklären:

Seit dem 10. DEZEMBER 1948 gibt es die AEMR, die Allgemeine Erklärung der MENSCHENRECHTE. Darin werden die
gleichen und unveräußerlichen Rechte für alle Menschen als
Grundlage der Freiheit, der Gleichheit und des Friedens in der
Welt anerkannt. 193 Staaten auf der Welt haben diese Erklärung
mittlerweile unterschrieben. Es ist kein Zufall, dass drei Jahre nach dem Ende des Zeiten Weltkrieges diese bedeutende
Entscheidung in der Generalversammlung der Vereinten Nati-
onen (die feiern gerade ihr 75-jähriges Bestehen – unter
Corona-Bedingungen!) eine Mehrheit gefunden hat. „Das Wesentliche ist, die Menschenrechte durch die Herrschaft des
Rechts zu schützen, damit der Mensch nicht zum Aufstand gegen Tyrannei und Unterdrückung als letztem Mittel gezwungen wird." So steht es in der Präambel.

„Herrschaft des Rechts", das war auch das große Ziel des GG, das nach der AEMR am 23. MAI 1949 in Kraft getreten ist. Im GG wird zwischen *Grundrechten*, die allen Menschen in Deutschland zustehen und *Bürgerrechten*, die nur deutschen Staatsbürgern zustehen, unterschieden. Man kann sich das so vorstellen, dass die Grundrechte des GG auf der AEMR aufbauen, also vielfach inhaltlich dasselbe schützen wollen. Aber die Reichweite der Grundrechte ist beschränkt.

Die „Grundrechte" der AEMR sind universell, d.h. sie gelten für alle Menschen. Danach hat jeder Mensch Anspruch auf eine *soziale und internationale Ordnung*, in der die in der Erklärung festgelegten allgemeinen Menschenrechte voll verwirklicht werden können. Dazu gehört auch der Anspruch auf einen *wirksamen Rechtsschutz* vor Handlungen, die die eigenen Grundrechte verletzten.

OPA, kannst du auch so reden, dass wir das gut verstehen können. Menschenrechte mal in einfacher Sprache?
    Ja, ihr habt vollkommen Recht. Den Kern der Menschenrechts-Erklärung könnte man so zusammenfassen:

> „Brich mit den Hungrigen dein Brot.
> Sprich mit den Sprachlosen ein Wort.
> Teil mit den Einsamen dein Haus.
> Such mit den Fertigen ein Ziel!"

Also alles läuft auf das hinaus, was die Menschen zum Leben brauchen: Essen und Trinken plus soziale Beziehungen und Kommunikation sowie ein Dach über dem Kopf und ein Zuhause samt Lebensfreude und Lebens-Sinn!!!!
Ja, schon besser. Aber wer passt auf, dass das Recht auch die Herrschaft behält?
    Der Rechtsstaat!
Aha, und wie macht der das?

Über die Chancen, sich das Vergangene von
Zeitzeugen erzählen zu lassen.

Kapitel V

Durch Rechtsschutz im Rechtsstaat. Der braucht somit
eine funktionierende Justiz. Die braucht überzeugte und
unabhängige Juristen und Juristinnen. Dann wird der
Rechtsstaat zu etwas Kostbarem.

Hm, und was hat das mit den „furchtbaren Juristen" zu tun?

Das ist nicht so einfach zu erklären.

Erst machst du uns neugierig und dann kneifst du.

Es soll ja keine juristische Vorlesung werden.

Genau, du wolltest eigentlich von Dir erzählen.

Also gut. Lange nachdem ich mein Studium abgeschlossen
hatte, erschien 1987 ein Buch mit dem Titel: „Furchtbare
Juristen – Die unbewältigte Vergangenheit unserer Justiz".
Den Autor kannte ich vom Studium her und war deswegen besonders gespannt auf den Inhalt des Buches.

Und können Juristen, die sich dem Recht verschrieben haben,
furchtbar sein?

Jedenfalls hatte der Schriftsteller Rolf Hochhuth 1978
den Ministerpräsidenten von Baden-Württemberg einen
„Furchtbaren Juristen" genannt. Der war nämlich auch
Jurist, hatte in Freiburg studiert und als Militärrichter
der Kriegsmarine von 1943 und 1945 Todesurteile bean-
tragt oder gefällt. Über diese Formulierung „Furchtbarer
Jurist" kam es zu einer juristischen und publizistischen
Auseinandersetzung. Filbinger – so hieß er, ihr kennt ihn
ja schon von der Räumungsaktion in Whyl – hielt aber
an der Rechtmäßigkeit seiner damaligen Urteile fest. Er
behauptete „Was damals Rechtens war, kann heute nicht
Unrecht sein."

Und das Buch?

Richtig, das Buch von Ingo Müller. Der übernimmt diese
Formulierung von Hochhuth und will damit die Unbe-
lehrbarkeit vieler Juristen (Juristinnen gab es nur wenige
damals) zum Ausdruck bringen. Das Beharren auf der
Rechtmäßigkeit der unmenschlichen Justiz des Dritten
Reiches zeige erst die ganze Furchtbarkeit dieser Juristen-

Generation. Die meinte, wenn sie das geltende Recht anwende, handele sie auch rechtsstaatlich. Das geltende Recht war aber damals eindeutig Unrecht. Deshalb muss, was damals Recht war, heute Unrecht sein.

Wie kann man das unterscheiden?

Mit Hilfe der Menschenrechte.

Nach einer nachdenklichen Pause:

OPA, gibt es eigentlich auch furchtlose Juristen?

Glücklicherweise ja.

Und die furchtbaren – kennst du einen?

Eigentlich nein.

Und un-eigentlich, wie du immer sagst?

Uneigentlich? Also, als wir nach unserem Totentanz in Mutlangen, dem Protest gegen die Stationierung der amerikanischen Pershing II Raketen, wegen Nötigung verurteilt worden sind, da haben wir, wenn ich ehrlich bin, bei diesen Richtern auch mal von „Furchtbaren Juristen" gesprochen. Aber nein, das waren zwar meiner Meinung nach ungerechtfertigte Urteile, aber keine „furchtbaren Juristen". Diese Bezeichnung muss den wirklich schweren Menschenrechtsverletzern vorbehalten bleiben.

Was wurde mit Filbinger?

Der musste schließlich nach langem Hin und Her als Ministerpräsident zurücktreten.

Es entsteht eine Pause, in der mit den Handys hantiert wird. Nach geraumer Zeit:

OPA, Helene hat gesagt, ihre Mutter würde immer sagen: „Die kleinen hängt man und die großen lässt man laufen."

Da ist was dran.

Werden die kleinen Leute wirklich gehängt?

Das ist eine gute Frage. Ursprünglich ist das ein Spruch, der sagen will, dass die kleinen Straftaten oft rigoros und konsequent verfolgt werden, während die großen Straf-

Über die Chancen, sich das Vergangene von
Zeitzeugen erzählen zu lassen.

Kapitel V

taten oftmals vernachlässigt oder gar vergessen werden.
Leider passiert das auch in der heutigen Wirklichkeit
noch, manchmal jedenfalls.

Wie das?

Über Todesurteile, z. B. die in Köln Ehrenfeld 1944, haben
wir ja schon gesprochen.

Aber heute wird doch niemand mehr gehängt.

Aber oftmals ungerecht behandelt

Opa, aber wir haben doch den Rechtsstaat?

Ja, der soll dafür sorgen, dass Gleichheit vor dem Gesetz
besteht und sozialer Ausgleich hergestellt wird.

Das ist mir zu abstrakt.

Also, die Kunst besteht darin, so zu entscheiden, dass sich
jeder der Beteiligten fair behandelt fühlt.

Das ist mir zu allgemein.

Es geht für die Juristen immer darum, einen Ausgleich zu
finden zwischen dem Wortlaut der Gesetzes-Regel und
den Besonderheiten des Einzelfalls.

Ich brauche ein Beispiel, um das zu verstehen.

Ich auch.

Ich auch.

Eins, das wir verstehen.

Also ich nenne euch mal drei Alltags-Beispiele, die wirklich so passiert sind, und ihr sagt, ob ihr das fair findet
oder nicht und warum.

Au ja, fang an, Opa.

Also, in dem ersten Fall geht es um einen Abfall-Container
der Firma Edeka, der Lebensmittel enthielt, die Edeka
nicht mehr verkaufen wollte. Der Container sollte von
einem Entsorgungsunternehmen abgeholt werden. Zwei
Studentinnen aus Bayern haben aus dem verriegelten
Container Lebensmittel entnommen. Sollen sie wegen
Diebstahl verurteilt werden?

Auf keinen Fall. Wie kann „Containern" strafbar sein? Die
Lebensmittel wären doch weggeworfen worden. Die beiden

haben was Gutes gemacht. Die Verschwendung von Lebensmitteln nimmt doch immer noch zu. Ich habe gehört, dass pro Person um die 80 Kilogramm im Müll landen ...

Die beiden Frauen wurden wegen Diebstahls zu einer Geldstrafe verurteilt. In diesem konkreten Fall, darauf weisen die Richter besonders hin, sei zu bedenken, dass der Container verschlossen war. Auch die Wertlosigkeit einer Sache gäbe anderen nicht das Recht zur Wegnahme.

Wow, das ist krass! Kann man da nichts mehr gegen machen?

Doch, die beiden Studentinnen hatten juristische Unterstützung und haben letztlich Verfassungs-Beschwerde beim Bundesverfassungsgericht erhoben.

Was haben die gesagt?

Die Beschwerde hatte keinen Erfolg, weil die Verurteilung verfassungsrechtlich nicht zu beanstanden sei.

Und der zweite Fall?

In dem zweiten Fall hat eine 73-jährige Rentnerin Nazi-Schmierereien übermalt. Aus einem „NS-Zone"-Graffiti hat sie mit Farbe ein „Herz-Zone"-Graffiti gemacht. Soll sie wegen Sachbeschädigung verurteilt werden?

Nein, denn sie hat ja die Sache nicht beschädigt, sondern nur den Inhalt verändert. Man kann doch nicht immer davon reden, dass Rechtsradikalismus für unsere Gesellschaft gefährlich sei und dann, wenn jemand etwas tut ...

Doch, das Gericht hat die Frau zu einer Geldstrafe verurteilt, weil ein Graffiti als Sachbeschädigung zu werten sei. Diese Frau habe das auch genau gewusst, denn sie mache solche Aktionen schon seit über 30 Jahren – deutschlandweit.

Jetzt noch der dritte Fall!

In dem dritten Fall geht es um eine fristlose Kündigung des Arbeitsverhältnisses. In einem Klinikum in Brandenburg hat ein Pflegehelfer nach 15-jähriger Tätigkeit seine fristlose Kündigung erhalten. Der Grund: Er habe Brötchen seines Arbeitgebers gegessen und sich somit an dessen Eigentum vergriffen.

Über die Chancen, sich das Vergangene von
Zeitzeugen erzählen zu lassen.

Kapitel V

Das geht doch gar nicht!
Nur wegen einem Brötchen. Die Kündigung.
Das ist nicht fair ...

Doch, sagt das Gericht. Denn entscheidend sei, dass der
Arbeitgeber dem Mitarbeiter jetzt nicht mehr vertrauen
könne. Dieser irreparable Vertrauensverlust habe zu
Recht die Kündigung zur Folge. Dieser Fall ist allerdings
noch nicht endgültig entschieden. Der Pflegehelfer meint,
das Brötchen sei alt gewesen und sollte im Mülleimer
landen.

Das können wir nicht verstehen.

Da seid ihr nicht die einzigen. Diese Beispiele zeigen, dass
„normale" Menschen und Juristen ganz unterschiedlich
auf dieselbe Sache schauen. Ihr seht vor allem die Motive
der Täter und die besonderen Umstände. Die Richter
schauen auf das, was im Gesetz geschrieben steht und was
das Besondere an jedem einzelnen Fall ist.

Furchtbar kompliziert ...

WIR SCHAFFEN DAS

OPA, findest du Merkel gut?

Wie kommt ihr denn da drauf?
Wir haben in der Schule über die deutschen Bundeskanzler
gesprochen

Und?
Einer aus unserer Klasse meinte, die sei blöd.

Und warum
Weil die für die Flüchtlinge die Grenzen geöffnet habe.

Na, das ist wohl schon etwas komplizierter ...
Wie kompliziert?

Es ist der 31. AUGUST 2015. Bundespressekonferenz in Berlin
mit der Bundeskanzlerin Angela Merkel. Sie spricht über die

Herausforderungen durch die immer weiter steigende Zahl der Flüchtlinge nach Deutschland – ca. 800 000 in diesem Jahr. „Wann immer es darauf ankommt," sagt sie auf eine entsprechende Frage, „sind wir – Bundesregierung, Länder und Kommunen – in der Lage, das Richtige und das Notwendige zu tun." Um schließlich hinzuzufügen: "Deutschland ist ein starkes Land. Das Motiv, mit dem wir an diese Dinge herangehen, muss sein: Wir haben so vieles geschafft – wir schaffen das!" Die Nachrichtensender lassen uns an diesem Satz leibhaftig teilhaben. Ein Satz, von dem die letzten drei Wörter eine kaum vorherzusehende Kraft und Bedeutung entwickelten – für die Befürworter einer liberalen Flüchtlingspolitik wie für ihre Gegner. Der Satz wird zum Symbol für eine gesellschaftspolitische Krise – wie „Lehmann Brothers" für die Finanzkrise 2008. Dabei sollten wir uns in Deutschland mit Flucht und Vertreibung auskennen. Seit Jahrhunderten gibt es Fluchtbewegungen auf der Welt. Flucht wird zum Thema des Jahres 2015. Es sind schätzungsweise 800 000 Flüchtlinge nach Deutschland geflohen, nur weg vor dem Bürgerkrieg, weg aus autoritären Regimes und weg aus einem Leben ohne jede Perspektive. Unvorstellbar, was dieses Menschen in ihrer Verzweiflung bei dieser Reise sich nehmen und wie tragisch sie viel zu oft endet. Die Zahl der Toten auf dem Mittelmeer bleibt für uns hier meist im Ungefähren. Ganz nah und sehr konkret zu beziffern wurde die Tragödie vieler Fluchten, als in einem auf der Autobahn A4 abgestellten Kühllaster 71 tote Menschen entdeckt wurden.

2015 kamen nach dem Merkel-Satz „Wir schaffen das" viele Flüchtlinge nach Deutschland. Dabei habe sich das Land großherzig gezeigt wie kein anderes, meint der Historiker Fritz Stern. Es gab die Willkommensbilder am Münchener Hauptbahnhof und das berühmte Selfie eines Geflüchteten mit Angela Merkel anlässlich ihres Besuches in der Flüchtlingsunterkunft in Spandau. Gleichzeitig wurde sehr gezielt mit

einer diffamierenden Sprache gegen eine liberale Flüchtlingspolitik gekämpft: Eine solche *Flüchtlingswelle* dürfe sich nie
mehr wiederholen, *Das Boot ist voll.* Seit Oktober 2014 demonstrieren – zunächst in Dresden – tausende Menschen unter dem
Kürzel „Pegida" (Patriotische Europäer gegen die Islamisie-
rung des Abendlandes) gegen die Aufnahme von Geflüchteten
und deren Integration in Deutschland.

Die damit verbundene Spaltung in unserer Gesellschaft wirkt
bis heute und wird besonders in der Politik der Europäischen
Union sichtbar: Es gibt keine gemeinsame und an den Grund-
werten der EU orientierte Flüchtlings- und Asyl-Politik. Zugleich müssen wir anerkennen, dass zukünftig klimabedingte
Fluchtursachen dramatisch zunehmen werden. Bereits 2012
hat das *Bundesamt für Migration und Flüchtlinge* die Klima-Migra-
tion in einer Studie untersucht und festgestellt, dass es neben
der unfreiwilligen auch zunehmend freiwillige Migration und
Mobilität geben wird.

OPA, kennst du Menschen, die geflohen sind?
    Ja, es kommen in jeder großen und auch kleinen Stadt
    Flüchtlinge an.
Auch bei euch?
    Ja, schon seit vielen Jahren.
Und wie kommen die dahin?
    Es gibt eine zentrale Einrichtung, in die alle Geflüchteten
    zunächst aufgenommen werden. Dann werden sie auf die
    Bundesländer und die Gemeinden verteilt.
Und dann?
    Dann beginnt für die Flüchtlinge die nächste schwere
    Aufgabe.
Opa, erzähl, mach es nicht so spannend.
    Sie müssen eine fremde Sprache lernen.
So wie wir!
    Allerdings unter erschwerten Bedingungen. Stellt euch

einmal vor, ihr lebtet in England und müsstet dort englisch lernen, aber eure Lehrer verstünden kein deutsch.
Echt krass.

Sie müssen sich an eine andere Umgebung gewöhnen. Das
Wetter ist anders, das Essen schmeckt fremd, die Häuser
sind aus Stein und ...

... sie haben oft eine andere Religion.

Es kommt so viel zusammen, dass es eine lange Zeit
dauert, bis sie sich in unsere – und jetzt auch ihre – Gesellschaft integriert haben werden.

Vielleicht ist deshalb der Ibrahim in meiner Klasse manchmal
so traurig?

Das kann gut sein. Sie denken an ihre Heimat und werden
dann traurig.

Sind die Flüchtlinge, die du kennst, auch traurig?

Ja, sie wissen, dass sie hier sicher sind und gut leben können.
Trotzdem fehlt ihnen was: Ihre Freunde, ihre Verwandten,
das gewohnte Zuhause, ihre Musik und ihre Kultur ...

An wen erinnerst du dich ganz besonders?

An Abel aus Eritrea. Er ist vor dem Militär geflohen.

Schaffen die das?

MIT DEM HERZEN SEHEN

OPA, jetzt erzähl noch etwas, was dir am Herzen liegt.

Am Herzen?

Du weißt doch, dass man am besten mit dem Herzen sehen
kann. Erzähl, was Dir am Herzen liegt ...

... wie der Kleine Prinz?

Genau der, den Oma mir zum Geburtstag geschenkt hat.

Es war der 9. NOVEMBER 1989. Der 9.11. ist ja der deutsche
Schicksalstag. Komischerweise kann man den auch als nine/
eleven lesen, als den 11. SEPTEMBER, dann ist es der ameri-

Über die Chancen, sich das Vergangene von
Zeitzeugen erzählen zu lassen.

Kapitel V

kanische Wende-Tag von 2001. Bei uns ist es der Tag, an dem
die Synagogen in Brand gesetzt worden waren, 1938. Aber das
soll ein andermal erzählt werden.

Ich war zu Hause mit einem Kollegen und wir planten, ein
Interview mit einem Schriftsteller zu führen. Als wir zufäl-
ligerweise den Fernseher anmachten, trauten wir unseren
Augen und Ohren nicht. Es gab eine Pressekonferenz der DDR-
Führung, in der es um Reiseerleichterungen gehen sollte. Günter Schabowski zitierte die neue Ausreise-Regelung aus einer
Beschlussvorlage. Dass die Regelung mit diversen Auflagen erst
ab dem nächsten Tag gelten soll, entgeht ihm und so antwortet er auf die Frage eines Journalisten: „Das tritt nach meiner
Kenntnis ... ist das sofort, unverzüglich". Dieser Satz wurde
zum Geflügelten Wort „nach meiner Kenntnis unverzüglich".

Sofort danach gab es Bilder von den Menschenmengen, die sich
auf den Weg zu den Grenzübergängen machten. Jedem Betrachter musste sehr schnell klar werden, dass hier und jetzt etwas
ganz Besonderes geschah, etwas Weltbewegendes vor unseren
Augen. Also kauften wir eine Fahrkarte nach Berlin und fuh-
ren hin. Zum Brandenburger Tor. Zur Grenze, die plötzlich
offen war. Zur Mauer, auf der viele Menschen saßen; die meisten standen davor und sangen und staunten und diskutierten
und hämmerten kleine Stücke aus der Mauer. In der Menge
standen die oft etwas ratlosen und verwunderten Vopos.

Die Menschen kletterten auf jede Erhöhung, Masten, Bäume
und Autos, um besser und mehr sehen zu können. Von manchen Stellen aus konnte man auf den östlichen Teil der Mauer schauen. Ich habe ein Foto, auf dem sieht man durch einen
Maschendrahtzaun auf den unbelebten Grenzstreifen. Im
Hintergrund Baukräne mit den sogenannten Platten-Bau-
Hoch-Häusern. Im Vordergrund zwei abgestellte Militärlaster,
einer mit einer großen Lautsprecheranlage auf dem Fahrer-
haus. Abgestellt, jetzt ohne Funktion.

GLOBAL DENKEN – LOKAL HANDELN

OPA, die von FridaysForFuture reden immer von „global denken und lokal handeln".

Zu Recht!

Wo haben die denn den Spruch her?

Das ist eine längere Geschichte.

Wir haben Zeit.

Also gut:

1992 fand in RIO DE JANEIRO die UN-Konferenz für Umwelt und Entwicklung statt. Sie wurde zu einem Meilenstein für die Umweltbewegung. Dort wurde das Konzept der „Nachhaltigen Entwicklung" zum ersten Mal als internationales Leitbild anerkannt. *Wirtschaftliche Effizienz, soziale Gerechtigkeit* und die *Sicherung der natürlichen Lebensgrundlagen* wurden zu einem gleichwertigen, sich gegenseitig ergänzenden Dreieck, das in ein Gleichgewicht zu bringen ist. Zu den zentralen Ergebnissen gehörte zum einen eine Abschlusserklärung, in der die Industrieländer als wesentliche Verursacher der bislang entstandenen Umweltschäden in die Verantwortung genommen wurden. Auf dem Papier mit 27 klugen und wohlklingenden „Grundsätzen" ließen sie sich auch in die Verantwortung nehmen. Zum anderen gehörte die *Agenda* 21 dazu: Die Teilnehmerstaaten verpflichteten sich, nationale Nachhaltigkeitsstrategien auszuarbeiten. Dort sollte der Grundsatz: *Global denken und lokal handeln* gelten. Rio 92 war für viele engagierte Bürger, Wissenschaftler und Praktiker ein Signal zum Aufbruch. Ein zweiter Aufbruch – zwanzig Jahre nach dem ersten Bericht des *Club of Rome* zu den „Grenzen des Wachstums".

In den bald dreißig Jahren danach gab es viele weitere UN-Konferenzen mit Höhen und Tiefen, hoffnungsvollen und deprimierenden Ergebnissen. Eine Art dritter Aufbruch schien sich 2015 auf der UN-Klimakonferenz in PARIS zu ereignen. Nach

Über die Chancen, sich das Vergangene von
Zeitzeugen erzählen zu lassen.

Kapitel V

langen und kontroversen Verhandlungen verpflichteten sich alle Staaten dazu, die Weltwirtschaft auf klimafreundliche Weise zu verändern, sprich: die globale Erderwärmung auf deutlich unter 2 Grad Celsius zu begrenzen.

„Die Menschen stehen im Mittelpunkt der Bemühungen um eine nachhaltige Entwicklung," hieß es im Grundsatz 1 Satz 1 von Rio 92. Das ist wohl gesprochen. Aber bei wem liegt die Macht? 1992 sprach ein junges Mädchen – Severn Suzuki, 12 Jahre, aus Kanada – klar und mutig zu den Delegierten und mahnte die Zukunft der künftigen Generationen an. Heutzutage klingt das aus dem Mund der jungen Greta Thunberg so: „Wir sind hierher gekommen, um Euch wissen zu lassen, dass es Veränderungen geben wird. Ob es Euch gefällt oder nicht. Die echte Macht liegt bei den Menschen. Danke." Natürlich liegt die Macht immer bei den Menschen. Es kommt damals wie heute darauf an, bei welchen Menschen sie liegt. Der entscheidende Unterschied ist, dass wir nicht noch einmal 28 Jahre zuwarten und mit Reden verbringen können. In einem Interview sagte die heute 39-jährige Frau Cullis-Suzuki auf die Frage, was sie dachte, als sie Greta Thunberg hörte: „Und ich empfand Stolz, dass da wieder jemand ist, die so kraftvoll und überzeugend spricht. Aber zugleich auch Scham und Traurigkeit, dass uns die Jugend immer noch anklagen muss für das, was wir mit der Welt machen."

OPA, jetzt wissen wir immer noch nicht, was „global denken und lokal handeln" genau meint.

Als Kolumbus 1492 Amerika entdeckte ...

Opa, du sollst nicht wieder bei Adam und Eva anfangen.

Das ist aber wichtig, weil damit der erste Schritt zur Globalisierung getan worden ist.

Mit dem Globus?

Damit meint man, die Welt rückt zusammen, alles ist miteinander verbunden, weltweit ausgerichtet.

Internet!

Genau, das Internet war der letzte Schritt in diese Richtung. Wenn in China eine ansteckende Krankheit ausbricht, müssen wir sogar in Deutschland Gesundheitsmaßnahmen ergreifen.

Wegen der Flugzeuge?

So kann man das sagen. Die Menschen in den Flugzeugen transportieren das Virus. Global denken heißt also, sorgfältig über die Natur und das Klima und die Umwelt nachzudenken, und alle Teile der Welt mit zu bedenken.

Ganz schön kompliziert.

Eben. Deshalb sollen wir „lokal handeln", also uns um unsere Wälder hier kümmern und hoffen, dass sich die Menschen dort um den Amazonas-Regen-Wald kümmern. Lokal handeln heißt also ...

... vor der eigenen Tür kehren. Haben wir verstanden.

Genau, so ist das zu verstehen.

Und F4F ist mittlerweile eine globale Bewegung ...

... und ihr demonstriert vor Ort!

Wer weiß, ob wir den Klimawandel stoppen können.

Ja, ich bin da auch skeptisch, wenn ich auf die letzten zwanzig Jahre schaue, in denen wir versucht haben, Nachhaltige Entwicklung auch in der Verwaltung zu fördern ...

Opa, bist du jetzt resigniert?

Das kommt drauf an.

Wieder so eine Erwachsenen-Antwort.

Das kommt drauf an, was man erwartet.

Oooooooppaaaa!

Ich habe soviel von mir als Zeitzeuge erzählt, jetzt möchte ich gerne von euch wissen: Seid ihr auch schon Zeitzeuge von etwas geworden?

Ja, ich war beim Karneval in Köln, da war so ein Sturm, da durften die Pferde nicht ...

Ich war auf dem Dach von unserem Haus an Silvester und da war es so nebelig, dass man die Raketen ...

Über die Chancen, sich das Vergangene von
Zeitzeugen erzählen zu lassen.

Kapitel V

Und ich war schon mal auf einer richtigen Beerdigung, bei
Tante Nanni ...
Ich auch und ich war schon bei zwei Einschulungen dabei ...
Wir könnten doch auch mal OMA fragen ...
Genau!

Erinnern und vergessen und erinnern.

W as macht unsere Erinnerungskultur aus? Wie wird sie
sichtbar und erlebbar? Ist es wirklich eine Chance – wie
oft behauptet wird – sich an die Vergangenheit zu erinnern? Sie
sich von Zeitzeugen erzählen zu lassen? JA, denn man sieht und
hört die Wahrnehmungen von Menschen, die was erlebt haben;
und es entstehen eigene Bilder vor dem inneren Auge. Oder
NEIN, weil es besser ist, Gras über Vergangenes wachsen zu lassen. Erinnerungen würden nur alte Wunden aufreißen und: Was
ich nicht weiß, macht mich auch nicht heiß. Es gilt abzuwägen.

*Wenn ich an die Geschichte der Bundesrepublik denke, insbesondere an
die Situation nach dem Krieg, wird verständlich, dass es auch auf den
Zeitpunkt und auf die Umstände des Erinnerns ankommt. Ich erinnere
mich, dass meine Eltern oft von dem „Stuttgarter Schuldbekenntnis"
sprachen. Ein Kernsatz lautete: „Durch uns ist unendliches Leid über
viele Länder und Völker gebracht worden." Dieser gut gemeinte Versuch des Erinnerns an eigene, individuelle und institutionelle Schuld,
misslang. Sie wurde eher zu einer Erklärung des Vergessens (und
Verdrängens) als des Erinnerns (und Bekennens). Einer der Unter-
zeichner der Erklärung war Gustav Heinemann, der spätere Bundespräsident. Ungeachtet dieser Erfahrung brauchen die großen globalen
und existenziellen Ereignisse einen Platz im allgemeinen Erinnerungs-
Gedächtnis. Manches darf einfach nicht in Vergessenheit geraten:
Hiroshima und Nagasaki; die Genozide an Minderheiten; der europäische Kolonialismus und vor allem der staatlich organisierte Massenmord an den europäischen Juden. „Auschwitz" könnte als Symbol*

dafür dienen, denn es gibt keinen passenden deutschen Ausdruck für diese Gräueltaten. Deswegen sprechen wir entweder von Holocaust (das englische Wort) oder von der Schoa (das hebräische Wort) für das Unfassbare.

Dafür brauchen wir Erinnerungskultur. Ebenso für Ereignisse, die sich an Sätzen festmachen lassen, wie der im Bundestag 1969: „Mehr Demokratie wagen"; oder für Gesten wie der Kniefall von Willy Brandt in Warschau 1972; oder für Äußerlichkeiten, wie die Vereidigung eines Ministers in Turnschuhen 1983; oder für nicht einlösbare Versprechungen wie die von Kohl 1990: Aus den neuen Bundesländern werden „Blühende Landschaften" entstehen; oder für Personen, die Überzeugungen repräsentieren wie die Gewaltlosigkeit von Mahatma Gandhi; oder den Traum eines Amerika ohne Rassismus von Martin Luther King; oder das Eintreten gegen Apartheid von Nelson Mandela; und nicht zuletzt auch für die Kunst, wie die Verhüllung des Deutschen Reichstages in Berlin 1995. „Was im Leben zählt ist nicht, was dir zustößt, sondern woran und wie du dich erinnerst", meint der Dichter Gabriel Marquez.

DENKMÄLER sind Gebäude oder Monumente oder Kunstwerke, die eine Erinnerungskultur manifestieren. Ich bin mit dem *Bismarck-Turm* und der *Kaiser-Wilhelm-Straße* und dem *Kriegerdenkmal* am Friedhof aufgewachsen. „Krieger, denk mal", möchte man diesen Denkmälern zurufen. Die Erbauer würden antworten: Genau, wir denken, dass man gerade die Erinnerung an die Soldaten, die in den Kriegen für das Vaterland gefallen sind, bewahren muss. Du liebe Güte, könnte der Soldat dieses Denkmals antworten: Habt ihr die Schrecken dieses Krieges – jedes Krieges – vergessen? Habt ihr vergessen, wie unsinnig und wie ungerecht und wie nutzlos dieser – jeder Krieg – war? Wie könnt ihr Krieger-Denkmale aufstellen anstatt Friedens-Mahnmale zu entwerfen?

In Deutschland gibt es einen umfassend geregelten Denkmalschutz. Er dient dem Schutz und der Pflege von Denkmälern der Kunst und der Geschichte.

Über die Chancen, sich das Vergangene von
Zeitzeugen erzählen zu lassen.

Kapitel V

FILME gehören dazu wie *„Die Brücke"* von Bernhard Wicki, der
zu einem kollektiven Erinnerungsfilm gegen die Grausam-
keiten des Krieges geworden ist. Und *Für Sama*, der nicht nur
ein Zeitzeugen- Dokument für spätere Generationen sein wird,
sondern auch eine persönliche Erinnerung an diese Erlebnisse
für die Familie.

FOTOGRAFIEN halten das Erinnern wach. Sowohl die pro-
fessionellen Fotobände als auch die privaten Fotoalben. Das
gemeinsame Betrachten des Fotos einer besonderen Situation,
dem einmaligen Erlebnis, der unvergesslichen Begegnung –
all das sind unverzichtbare Quellen des Erinnerns. Und das
GESCHRIEBENE – die Briefe und die Texte und die Anzeigen
und die Bücher und die Reden können die Erinnerung wach
halten. Die vielen privaten Tagebücher nicht zu vergessen. Sie
werden gesammelt in einem Tagebuch-Archiv in Süddeutschland. Das wird organisiert von einem Verein, der aus ganz vielen Freiwilligen besteht. Sie eint die Überzeugung, dass jedes
Leben etwas zu erzählen habe oder einen Film wert sei. Das
BÜCHERREGAL ist ein persönlicher Erinnerungsort – vor
allem im Zeitalter zunehmender Digitalisierung aller Lebens-
bereiche. Ein Buch in meinem Bücherregal liegt mir in diesem
Zusammenhang besonders am Herzen.

OPA, wir wissen schon.
　　Nein, nicht die Chronik und auch nicht der Brockhaus,
　　aber ein bisschen ähnlich ist es schon. Es heißt „Mein
　　Jahrhundert" und ist von Günter Grass, dem Schriftsteller
　　und Maler. Er sucht sich von 1900 bis 1999 für jedes Jahr
　　ein Ereignis aus, erzählt eine persönliche Geschichte und
　　macht eine Aquarell-Zeichnung dazu. Gibt es ein Lieb-
　　lingsbuch in euren Bücherregalen?
Mehrstimmiges hm!
　　Da müsst ihr erst nachschauen, ok, ich bin gespannt!

Solange wir noch Briefe schreiben, brauchen wir BRIEFMAR-
KEN. Für viele Menschen sind Briefmarken eine anschau-
liche Quelle der Erinnerung. Ich denke an die Sondermarke
50 Jahre Grundgesetz 1949 bis 1999 mit dem Artikel 1 zur Würde des Menschen. Und an die Marke von 2002, die Marke *Für
mehr Toleranz*. Und 2004, die Marke zur Erinnerung an den
Maler *Felix Nussbaum*, 1944 im KZ Auschwitz ermordet. Seine
Geburtsstadt Osnabrück hat ihm ein eigenes Museum gewid-
met. Auf der Marke ist sein Gemälde von den drei Menschen
abgebildet, die nichts sehen, nichts hören, und nichts sagen
wollen.

Wenn ich mich erinnere, stelle ich mich gegen das Vergessen,
sagt man. Manchmal brauchen wir für die Erinnerung einen
Schubs, müssen über etwas stolpern, damit wir uns erinnern.
Insofern sind die sogenannten „Stolpersteine" ein besonders
wertvolles Erinnerungsmodell, das der Künstler Gunter Dem-
nig seit über 15 Jahren in vielen Ländern Europas verfolgt. Es
geht um das individuelle Gedenken und Erinnern an Personen, die von den Nationalsozialisten vernichtet wurden. In
vielen Städten gibt es Erinnerungs-Stelen dort, wo bis 1938 die
Synagogen standen.

*Darüber gerate ich erneut ins Nachdenken: Was ist, wenn sich die
Bewertungen der Erinnerungen verändern? Ist der 8. MAI 1945 ein
Tag der Niederlage (der schnell vergessen werden sollte) oder ein Tag
der Befreiung (der zu einem Feiertag werden sollte)? Bei uns wurde der
Adolf Hitler Park nach dem Kriegsende in Bürgerpark umbenannt. Die
Lettow-Vorbeck-Straße gab es bis vor einem Jahr. Die Königsallee und
die Kaiser Wilhelm Straßen gibt es immer noch. Das gleiche gilt für
Denkmäler von Menschen, die zu ihrer Zeit für denkmalwürdig gehal-
ten wurden und heute in einem ganz anderen Licht betrachtet werden.
Umbenennen oder lassen? Lassen und mit Hinweisen versehen? Ist
das Streichen eines Straßennamens auch das Löschen der Erinnerung?
Darf oder sollte man ein Denkmal stürzen?*

Über die Chancen, sich das Vergangene von
Zeitzeugen erzählen zu lassen.

Kapitel V

Für mich sind die Friedhöfe mit ihren Gräbern und den Grabsteinen ein bedeutsamer Ort des kollektiven und des privaten Erinnerns. Ist ein Mensch ohne ein Grab vergessen? Der Suchdienst des Deutschen Roten Kreuzes hat angekündigt, noch bis zum 31. DEZEMBER 2021 nach vermissten Angehörigen zu suchen. Die Kriegsgräber Fürsorge versucht immer noch, für die Toten des Zweiten Weltkrieges – insbesondere für die namenlosen Soldaten – eine Grabstelle zu finden. Die Erinnerung braucht einen Ort.

Stellen wir uns nur einen Moment lang vor, wie könnten nicht(s) mehr vergessen. Man könnte sich an alles erinnern – Personen, Ereignisse, Filme und Theaterbesuche, Bücher und Zeitungsmeldungen, Begegnungen und Beobachtungen – dann würde einem das Vergessen als Gnade erscheinen. Somit ist es gut, dass wir als Individuen vergessen können. Manches vergisst man zu schnell oder man bedauert das Vergessen. Dann kann man sich erinnern oder erinnern lassen – analog oder digital. Heutzutage wird das Erinnert-Werden immer einfacher. Das moderne Telefon speichert die eingegangenen Anrufe, das Handy die gesendeten Mails, die Cloud auf dem Computer speichert die gelesenen Dokumente und die Fotos. Segen der Technik! Fluch der Technik? Das Vergessen wird angesichts der technischen Entwicklung in einer digitalen Welt immer schwerer. Diese Entwicklung hat den Streit um ein „Recht auf Vergessen" und „Vergessen werden" entfacht.

Vergessen meint nicht die normale (und im Alter zunehmende) *Vergesslichkeit*. Es geht um das *Vergessen-Wollen*, das absichtsvolle, das mit Verdrängen zu tun hat.

OPA, das ist jetzt alles mal wieder sehr philotropisch.

Du meinst vielleicht zu philosophisch?

Ja, sag ich doch.

Aber Erinnern und Vergessen, das kennt ihr doch auch, oder?

Ich bin froh, wenn Mama mich an den Turnbeutel erinnert.

Und ich vergesse oft, dass ich noch etwas für die Schule lernen sollte.

Aber eure Geburtstage, vergesst ihr die auch?

Nein, nie.

Wie kommt das, man könnte doch auch den Geburtstag mal vergessen?

Der ist doch jedes Jahr.

Da freut man sich auf die Geschenke ...

... und die Geburtstagsfeier ...

... und wenn der Geburtstag besonders schön war, dann vergesst ihr ihn erst recht nicht mehr.

Besonders die besonderen.

Die sogenannten runden.

Opa, wann hast du wieder einen runden Geburtstag?

Dieses Jahr. Aber dieses Jahr wird auch etwas 60 Jahre alt, von dem ihr noch nie gehört habt.

Bestimmt wieder so ein Künstler ...

... oder so ein Gesetz ...

Opa, erzähl schon.

Das ist eine besondere Geschichte. Die habe ich kürzlich in einer großen Tageszeitung gelesen. Sie geht so:

Seit etwa 12 Jahren gibt es einen Ort der Erinnerung, von dem die meisten Menschen in Deutschland gar nicht wissen, dass es diesen Ort real jemals gegeben hat. Ein Ort, der uns das Vergangene nicht vergessen lässt und zugleich an die Zukunft erinnert. Die Rede ist von dem sogenannten *Regierungsbunker*. Ihr werdet gleich verstehen, was damit gemeint ist. In den Jahren von 1960 – also vor 60 Jahren – bis 1972 wurde unter den Bergen des Ahrtals eine alte Eisenbahnröhre ausgebaut und erweitert. Es entstand ein 17 Kilometer langer Stollen. 17 Kilometer! Da gab es Versammlungssäle, über 100 Schlafräume und Büros, eine Druckerei, einen Friseursalon, Werkstätten und Münztelefone. Das ganze war ein Projekt der westdeutschen Regierung, das unter größter Geheimhaltung durch-

geführt wurde. Es herrschte „Kalter Krieg" – wie ihr wisst –
zwischen dem Westen und dem Osten in Europa. Die Möglichkeit eines dritten Weltkrieges war nicht von der Hand zu weisen. Die große Sorge bestand darin, dass ein solcher Krieg auch
einen Atomangriff auf westdeutsche Städte bedeuten könnte.
Deshalb plante die Regierung diesen Bunker zum Schutz für
die Regierung und alle wichtigen Einrichtungen. 3000 Menschen sollten einen atomaren Angriff in diesem Bunker
30 Tage überleben können. Was gewesen wäre, wenn der Strom
ausgefallen wäre? Für den Fall waren 100 000 Kerzen im Bunker eingelagert worden.

Nach 1989, als der Kalte Krieg beendet zu sein schien, wurde der Bunker zurückgebaut. Ein Stück von 203 Metern ist
seit 12 Jahren zu besichtigen. Allerdings stehen alle Uhren
auf 5 vor 12. In diesem Teil des Bunkers stehen sehr viele
Dinge, die die Vergangenheit – die man schon vergessen
glaubte – wieder lebendig werden lassen: Das Klappbett für
den Bundeskanzler. Das wäre für Konrad Adenauer, Ludwig
Erhard, Kurt-Georg Kiesinger oder Willy Brandt bezogen worden. Zwei TV-Kameras des Westdeutschen Rundfunks, damit
bei einem Kriegsausbruch der Bundeskanzler zu den Bürger-
Innen hätte sprechen können. Zu welchen Bürgern fragt ihr?
Das weiß ich auch nicht. Denn wenn es tatsächlich zu einem
Atomkrieg gekommen wäre, dann ...? Es gibt auch einen Rede-
text. 1966 hätte der damalige Bundespräsident nach Ausbruch
dieses Krieges sagen sollen: „Die Kraft, dem Unrecht und der
Gewalt zu widerstehen, erwächst aus unserer Gewissheit, den
Frieden leidenschaftlich gewollt und den Ausgleich gesucht
zu haben." Ob der Bunker jemals benutzt worden ist? Es gab
ja glücklicherweise den Ernstfall nicht. Gleichwohl ist fleißig
geübt worden. Es gab Politiker, die z. B. den Bundeskanzler zu
Übungszwecken spielen mussten. Sie sollten mögliche Anwei-
sungen geben und Entscheidungen treffen, wie man sie sich
für so einen Ernstfall vorstellen konnte. „Draußen" spielten
sich in den Jahren, in denen der Bunker ausgebaut und in ihm

geübt wurde, heftige gesellschaftspolitische Konflikte ab. Besonders das Jahr 1968 war bedeutsam. Eine ganze Generation nannte sich danach die „Achtundsechziger." Aber das ist eine andere Geschichte und die soll ein andermal erzählt werden. Ihr wollt ein Stichwort wissen, nach dem ihr im Netz suchen könnt? Gut: Notstandsgesetze und Rudi Dutschke.

Vielleicht sollten wir mal gemeinsam den Bunker besuchen. Es gibt Zeit-Zeugen-Führungen, also von Menschen, die mit dem Bau oder der Verwaltung des Regierungsbunkers selber befasst waren. Ich sehe eure Begeisterung, ok, später mal. Aber die Geschichte ist noch nicht zu Ende erzählt. Die gesamte unterirdische Anlage sollte vor sowjetischen Atombomben schützen. Einer 20-Kilotonnenbombe hätte sie standgehalten. Die Bombe auf Hiroshima hatte eine Sprengkraft von 13 Kilotonnen TNT-Sprengstoff. Vielleicht dachte man deshalb, man sei mit 20 auf der sicheren Seite. Aber die Bombe auf Nagasaki hatte schon 21 Kilotonnen.

Die sowjetischen Streitkräfte experimentierten ab 1961 mit Atombomben, die über ein Vielfaches dieser Sprengkraft verfügten.

OPA, echt krass, aber ich finde ...
Die Geschichte hat noch eine Pointe.
Pointe?
Das ist ein überraschender Schlusseffekt.
Na gut, wenn du meinst.
Also 1962 ...
Verdammt lang her.
... berichteten das *Hamburger Abendblatt* und die *Quick* ...
Was für ein Knick?
Die *Quick* war damals die größte Illustrierte, wie heute noch der Stern – die berichteten von den Planungen für den Ausbau des alten Eisenbahntunnels zu einen Atombunker für die Regierung.
Und wo ist jetzt die sogenannte Pointe?

Über die Chancen, sich das Vergangene von
Zeitzeugen erzählen zu lassen.

Kapitel V

Die Zeitungsleute von *Quick* wurden deshalb wegen
„unechten Landesverrats" nach § 100 Strafgesetzbuch
angeklagt. Zehntausende Polizisten sollten die betreffen-
den Seiten aus den 1,2 Millionen Exemplaren der bereits
ausgelieferten Zeitung heraus reißen…

Opa, das ist jetzt aber mehr ein Faschingsscherz, wo hast du
denn den her?

Das schreibt Steffen Kopetzky genau so in seinem neusten
Roman *Monschau*.

Enkel sind das Dessert des Lebens

Kapitel VI

Über Verantwortlichkeiten für den Verlauf der Geschichte(n).

Die Standuhr – die Zeit geht weiter, unaufhaltsam.

Die Feststellung, es sei „5 vor 12" gilt gemeinhin als ein Alarmzeichen. „Jetzt wird es aber Zeit" soll damit ausgedrückt werden; man solle sich endlich bisher aufgeschobener Vorhaben widmen, für eine Sache aktiv werden oder das Schlimmste, was droht, zu vermeiden versuchen. Dahinter steckt die Sorge, wenn die Uhr erst einmal 12 Uhr geschlagen habe, sei es zu spät oder alles sei vorbei. Aber die Uhr geht – wie wir alle wissen – unaufhaltsam weiter. Es wird 5 nach 12 und irgendwann wieder 5 vor 12 und so weiter. Manchmal geraten wir mit der Zeit aus dem Takt. Die meisten Menschen haben ein eigenes Zeitgefühl. Manche kommen sogar ohne Zeitmesser aus. Dennoch wird unser Zeitgefühl von außen mitbestimmt. Wenn man etwas Schönes erlebt, scheint die Zeit zu verfliegen. Ist es einem langweilig – wo und warum auch immer – scheint die Zeit wie eine Schnecke zu kriechen und das Langweilige scheint nicht enden zu wollen. Die Uhr sagt uns aber, dass die schöne Stunde wie die langweilige aus 60 Minuten oder 3600 Sekunden besteht.

Solange es um die Messung der Zeit geht, konnte die alte Standuhr ihre Schuldigkeit tun. Aber: „Tempora mutantur et nos in illis – Die Zeiten ändern sich und wir uns mit ihnen". Es geht eben im Leben nicht nur um *Tempus* – um die Messung der Zeit – sondern auch um *Chronos*, den Fluss des Zeitgeschehens, in dem wir uns befinden. Vielfach kommt es auf den entscheidenden Augenblick an, den *Kairos*. Kairos benennt den günstigen Zeitpunkt für eine Entscheidung – kurz: den Moment, den es beim Schopfe zu packen gilt. Das Fotografieren (nicht das Knipsen mit dem Handy) kann zeigen, was gemeint ist. Am Kulminationspunkt eines Geschehens – in dem Moment, wo Bewegung und Licht zueinander passen – den Auslöser zu betätigen, also die passende Entscheidung zu treffen.

Über die Zeit als ein unerschöpfliches Thema gerate ich erneut ins Grübeln: Das Nachdenken über die Zeit ist allem Anschein nach sehr, sehr alt. In der Bibel – in Prediger 3, 1 bis 8 – heißt es: „Alles hat seine Zeit." Hängt das Nachdenken über die Zeit nicht auch von den Möglichkeiten des Erkennens der Zeit ab? Über Jahrhunderte versuchte man sich die Zeit als einen Fluss vorzustellen. Wie das Wasser im Fluss fließe die Zeit dahin. Deshalb entstand wohl das Bild, sich vom Fluss der Zeit „treiben zu lassen" oder sich aktiv und selbstbestimmend dem Strom der Zeit „entgegen zu stellen". Die Sanduhr zur Messung der Zeit war schon eine wichtige Erfindung. Sie vermittelte allerdings das Bild vom „Verrinnen" der Zeit und beförderte damit eher die Haltung, der Zeit passiv ausgeliefert zu sein oder sich ihr beugen zu sollen. Bereits Ende des 16. Jahrhunderts wurde eine Uhr mit zwei Zeigern erfunden. Eine bahnbrechende Veränderung gegenüber der Zeitmessung mit der Sonnenuhr und mit einem Zeiger.

Alles hat seine Zeit, auch und gerade für die Jugend. In Prediger 11, 9 bis 10 heißt es: „Freue dich Deiner Jugend!" Für die Jugend gilt das Dichterwort „Leichtfertig ist die Jugend mit dem Wort" und das ist das Recht ihrer Zeit. Haben wir Alten dieses Recht nicht auch ungehemmt in Anspruch genommen, damals. Mit Fragen (oft mit moralischem Zeigefinger) an unsere Eltern nach ihrem Verhalten in der Nazi-Zeit? Oder später die Fragen von Kindern der Wende-Generation an ihre Eltern bezüglich deren Verhalten in der DDR? Heute sind es die Fragen der Enkel an unsere Generation in Sachen Klima: Was war euer Beitrag zur Zerstörung des Klimas? Was habt ihr zur Rettung des Klimas getan? Hinter diesen persönlichen Fragen verbirgt sich die eine sehr grundsätzliche: Wie viel persönliche Verantwortung trägt jeder einzelne für das, was geschieht? Schließlich war jeder einzelne zu seiner Zeit Zeitzeuge, war dabei, hat zugeschaut oder mitgemischt oder weg geguckt oder was auch immer getan oder gelassen.

Hinterlassenschaften von uns an Euch.

Neben der Klima-Katastrophe werden wir Euch – weltweit gesehen – noch einige weitere Probleme hinterlassen: Explodierende Bodenpreise, wachsende Armut (vieler), steigender Reichtum (weniger), Unmengen unentdeckter Landminen, vermehrte Kriegsanlässe, ungesunde Lebensmittel, die ungeklärte Zukunft der Arbeit, viele Schwerter – wenig Pflugscharen, ein globales Bevölkerungswachstum. In Deutschland zeigt sich eine dahin schmelzende Bevölkerungspyramide – der Anteil der 7 bis 17-jährigen nimmt ab, der Anteil der 65 bis 75-jährigen nimmt zu. Einen wachsenden Schuldenberg – etwa 2 Billionen, das sind eine Zwei und zwölf Nullen oder ungefähr 24 000 Euro für jeden Kopf der Bevölkerung, allerdings vor der Corona-Krise gerechnet. Einen „Exportweltmeister" und den viertgrößten Waffenlieferanten und, ach ja, und jetzt noch das Corona-Virus.

OPA, entschuldige, wenn ich unterbreche. Aber übernimmst du dich da nicht ein wenig?
    Übernehmen?
Ja, übernehmen, du übernimmst Verantwortung für Ereignisse, die nicht in eurer Macht gestanden haben.
    Du meinst Corona?
Zum Beispiel. Und wenn du alle Schwierigkeiten der Welt auf die Schultern eurer Generation lädst, dann entwertest du auch die Ernsthaftigkeit eurer wirklichen Verantwortung.

Danke für diesen klugen Hinweis. Ich werde mich beschränken.

Also konzentriere ich mich auf vier gravierende Technik-Hinterlassenschaften. Sie sind deshalb besonders bedeutsam, weil sie – einmal in der Welt – von uns nicht mehr ungeschehen gemacht werden können. Anders als im über 200 Jahre alten Märchen von den Brüdern Grimm „Der Geist im Glas" lassen sich diese Hinterlassenschaften, wenn sie einmal aus der Flasche entwichen sind, nicht mehr wieder zurück bringen – weder durch Klugheit und Kreativität, noch durch Technik und Gewalt. Entscheidend wird also sein, ob diese „Geister" ihre Wohlstands- und Zukunfts-Versprechen halten. Können wir ihnen trauen? Oder bestätigt sich – unabhängig vom Vertrauen – die Richtigkeit folgender Unterscheidung: Das *Vorstellungsvermögen* von uns Menschen hält nicht Schritt mit unserem *Herstellungsvermögen*. D.h. wir können alles mögliche zusammenbauen – überblicken aber nicht die Wirkungen und die Folgen. Diese Unterscheidung stammt von Günter Anders aus den 50er Jahren.

Wenn ich über diesen Satz nachdenke, dann fallen die Entstehung, die Folgen und der Umgang mit diesen Hinterlassenschaften größtenteils in meine Lebenszeit. Jetzt – als alter Opa – kommen sie mir wirklich bedrohlich vor; bedrohlicher als früher. Jede für sich – auch das sehe ich jetzt klarer als früher – hat auch positive Seiten, bietet Chancen, macht Versprechungen. Erst 5 Prozent der Materie seien erforscht. Es gibt also noch viel zu tun. Ich verstehe (jetzt erst) die Notwendigkeit der „Grundlagenforschung" im Unterschied zur „speziellen Forschung". Zu den Zeiten, als es nur die Kerzen als Lichtquelle gab, haben zig Forscher versucht, eine „bessere" Kerze zu erfinden. Sie haben nach anderen Materialien, anderen Formen, anderen Behältnissen geforscht. Ein „Grundlagenforscher" hätte sich die Frage gestellt, welche Lichtquellen sind vorstellbar, was wäre möglich zu entdecken? Am Ende dieser Überlegungen stand dann die Erfindung der Glühbirne. Ich komme vom Thema ab.

Ich berichte von diesen vier mir wichtigen Hinterlassenschaften chronologisch, also in der Reihenfolge, in der sie aus dem Glas bzw. der Flasche gelassen worden sind. Aber allen gemeinsam ist, dass sie auch große Nachteile und Gefahren beinhalten. Ihr Jungen werdet erleben, wohin sich die Waagschale neigen kann. Jedenfalls werden von euch sehr kreative Problemlösungen gefordert werden, wenn die gemachten Versprechungen Wirklichkeit werden sollen. Ungeachtet, nein: gerade wegen meiner eigenen Verantwortlichkeit werde ich mir als Opa einen (un-)erbetenen Rat-Schlag an Euch nicht verkneifen, wie ihr sehen werdet.

Eins: Atomtechnologie

Manche sagen, ohne Lise Meitner hätte das Atomzeitalter nicht am 17. DEZEMBER 1938 begonnen. Sie habe Otto Hahn nicht nur überredet, Experimente mit dem Beschießen von Uran durch Neutronen zu beginnen, sondern auch später bei der Interpretation der Versuchsergebnisse maßgeblich geholfen. Wie so oft war auch die Entdeckung der Kernspaltung eine Gemeinschaftsarbeit. Die Physikerin Meitner gehörte dazu wie der Chemiker Straßmann und manche andere WissenschaftlerInnen, an deren Versuche und Ideen man anknüpfen konnte. 1944 wurde Otto Hahn – nur er – dafür mit dem Nobel-Preis für Chemie ausgezeichnet.

Diese Entdeckung einer neuen und ungeheuer mächtigen Energie-Quelle machte sich die Energie-Industrie sehr schnell zunutze. Bereits 1942 entstand in den USA der erste Atomreaktor. Natürlich wurde diese neue Kraft bald auch militärisch genutzt. Der Einsatz der Atombombe in Hiroshima und Nagasaki war – ihr erinnert euch – der erste Test für die Tauglichkeit dieser Entdeckung. Sie hat ihn leider bestanden. Die Militärs (genauer: die Köpfe vom Militärisch-Industriellen-Komplex) zogen daraus die Konsequenz, diese Waffe noch weiter zu „verbessern". Der Geist war aus der Flasche. Er ging auch nicht mehr zurück, als nach dem Krieg Julius Robert Oppenheimer, der als „Vater der Atombombe" gefeiert worden war, sich kritisch von dieser Technologie distanzierte. Ganz im Gegenteil: Auf den Marshallinseln – einer Gruppe von zahlreichen Inseln im Pazifischen Ozean – testeten die USA ihre Atombomben. Für die Bewohner der Inseln sind diese Tests der traurige Höhepunkt einer langen Geschichte der Zerstörung ihrer Heimat und ihrer Kultur. Erst als die USA und die Sowjetunion merkten, dass die zahlreichen Atomtests zu einer global erhöhten Radioaktivität in der Atmosphäre führten – und somit auch die Gesundheit der eigenen Bevölkerungen gefährdeten – beschlossen sie, Atomtests nur noch unterirdisch durchzuführen.

Otto Hahn bezeichnete die Nutzung der Kernspaltung für militärische Zwecke als eine „Schweinerei", mit der er nichts zu tun habe. Ungeachtet dessen planten in Deutschland der Bundeskanzler Adenauer und sein Verteidigungsminister Franz-Josef Strauß die Aufrüstung der gerade gegründeten Bundeswehr mit Atomwaffen. Dagegen entwickelte sich heftiger Widerstand.

Im *Göttinger Manifest* vom 11. APRIL 1957 – verfasst von 18 hoch angesehenen AtomforscherInnen, unter ihnen auch Otto Hahn, Lise Meitner und Fritz Straßmann – äußern die Forscher ihre Sorge über die Pläne zur atomaren Bewaffnung der Bundeswehr und weisen auf einige in der Öffentlichkeit wohl nicht hinreichend bekannte Tatsachen hin. Sie schreiben u. a.: „Taktische Atomwaffen haben die zerstörende Wirkung normaler Atombomben. (...) Jede einzelne taktische Atombombe oder -granate hat eine ähnliche Wirkung wie die erste Atombombe, die Hiroshima zerstört hat. (...) Als „klein" bezeichnet man diese Bomben nur im Vergleich zur Wirkung der inzwischen entwickelten „strategischen" Bomben, vor allem der Wasserstoffbomben. (...) Wir kennen keine technische Möglichkeit, große Bevölkerungsmengen vor dieser Gefahr sicher zu schützen. (...) Unsere Tätigkeit (...) belädt uns aber mit einer Verantwortung für die möglichen Folgen dieser Tätigkeit. Deshalb können wir nicht zu allen politischen Fragen schweigen. (...) Für ein kleines Land wie die Bundesrepublik glauben wir, das es sich heute noch am besten schützt und den Weltfrieden noch am ehesten fördert, wenn es ausdrücklich und freiwillig auf den Besitz von Atomwaffen jeder Art verzichtet. (...) Gleichzeitig betonen wir, dass es äußerst wichtig ist, die friedliche Verwendung der Atomenergie mit allen Mitteln zu fördern, und wir wollen an dieser Aufgabe wie bisher mitwirken."

Damit hat das Atomzeitalter endgültig zwei Gesichter. Die eine Seite der atomaren Medaille ist die „böse", die militärische Nutzung mit Atomwaffen; die andere Seite ist die „gute", die friedliche Nutzung der Atomenergie zur Stromgewinnung.

OPA, was willst du uns angesichts dieser Lage denn noch für einen Rat geben? Deutschland ist immer noch nicht im Besitz von Atomwaffen und hat den Ausstieg aus der friedlichen Nutzung durch AKWs bereits beschlossen.

Die atomare Medaille gibt es in zwei Ausführungen.
Du sprichst mal wieder in Rätseln.

Es gibt eine *nationale* Medaille. Die gehört uns in Deutschland, auf die haben wir Einfluss und es hat zu dem Ergebnis geführt, das du benannt hast.
Also ist alles ok.

Also ist nicht alles ok, weil es auch eine *internationale* Medaille gibt. Zwar hat die Organisation IPPNW (das sind ÄrztInnen gegen den Atomkrieg) 1985 den Friedensnobelpreis bekommen für die Aufklärung der Öffentlichkeit über die Gefahren des Atomkrieges für Leben und Gesundheit der Menschen und ...

Das ist doch voll cool!

So gesehen wird es noch „cooler". Denn 2017 hat die Organisation ICAN (die Kampagne zur Abschaffung von Atomwaffen) ebenfalls den Friedensnobelpreis erhalten, für ihre bahnbrechenden Bemühungen um ein vertragliches Verbot solcher Waffen ...

Siehste, ist doch gut.

Alle Bemühungen zur Abschaffung von Atomwaffen werden von interessierten Kreisen unterlaufen. Hinzu kommt die Entwicklung von Mini Nukes; sogenannte taktische Nuklear-Waffen, von denen man meint, sie auch in militärischen Situationen einsetzen zu können, in denen befreundete Streitkräfte in der Nähe operieren.

Davon verstehe ich nichts.

Diese taktischen Atomwaffen sind nicht klein und nicht kontrollierbar. Sie haben die gleiche Sprengkraft wie die Bomben auf Hiroshima und Nagasaki.

Und was ist mit der „guten" Seite der internationalen Medaille?

Viele Staaten setzen auf den Ausbau der AKW zur Stromgewinnung und meinen, damit zur Verminderung des CO_2-Ausstoßes beitragen zu können. Ich sehe das anders. Abgesehen von dem Experten-Streit über die realistischen Berechnungen zur CO_2-Reduzierung bleibt die Gefahr, die von dieser Technik ausgeht. Jetzt und in weiter Zukunft, eurer Zukunft.

Was willst du uns nun raten?

Vernetzt Euch, schließt Euch fest zusammen, lasst Euch die Folge-Probleme der Atomenergie nicht klein reden: Allein die Endlagerung jeglichen Atom-Mülls ist weltweit ein ungelöstes Problem – für Jahrhunderte. Gerade noch rechtzeitig ist von der alten Generation die „Stiftung Atomerbe" gegründet worden. Man könnte das auch als ein Vermächtnis der Anti-Atom-Bewegung an die nachkommenden Generationen verstehen. Es wird Geld gesammelt für die Unterstützung von Betroffenen aktueller und künftiger Atom-Müll-Politik. Seht mal im Netz unter www.stiftung-atomerbe.de nach.

Zwei: Künstliche Intelligenz

Zur Durchführung eines Forschungsprojektes im SOMMER 1956 – dem *Dartmouth Summer Research Project on Artificial Intelligence* – beantragten die vier Initiatoren bei der Rockefeller Stiftung eine Förderung in Höhe von 13 500 US-Dollar für Reisekosten etc. Im Projektantrag wurden u. a. folgende relevante Diskussionsthemen benannt:

„Automatisierte Computer; wie muss ein Computer programmiert werden, um eine Sprache zu benutzen? Neuronale Netzwerke und Selbstverbesserung". Mit Recht wird später diese Konferenz als Geburtsstunde eines neuen Fachgebietes – der *Künstlichen Intelligenz* – bezeichnet. Mit Künstlicher Intelligenz wird ein Teilgebiet der Informatik beschrieben, welches sich mit Automatisierung intelligenten Verhaltens und dem maschinellen Lernen befasst. Inzwischen ist Künstliche Intelligenz unter dem Kürzel KI zu einem festen Begriff geworden. Die *Digitalisierung* beeinflusst mittlerweile unser gesamtes Leben mehr und mehr.

„Die Künstliche Intelligenz entwickelt sich schnell", heißt es in dem von der EU-Kommission gerade veröffentlichten Weißbuch für ein digitales Europa, in dem die Kommission ihre europäische Datenstrategie und politischen Optionen für die Entwicklung der KI konkretisiert. Die Versprechungen klingen vielversprechend: Die Strategie decke alles ab – von der Cybersicherheit über kritische Infrastrukturen, digitale Bildung und Kompetenzen bis hin zu Demokratie und Medien. Alle Bürger, alle Arbeitnehmer, alle Unternehmer sollen eine faire Chance haben, die Vorteile der Digitalisierung zu nutzen: Egal, ob es darum gehe, das Autofahren sicherer oder durch vernetzte Fahrzeuge weniger umweltschädlich zu machen; oder darum, Leben mit KI-gestützten medizinischen Bildgebungsverfahren zu retten und Krankheiten früher denn je zu erkennen; oder darum, die wirtschaftliche Wettbewerbsfähigkeit zum Nutzen der europäischen Verbraucher zu erhalten.

Die Strategie verspricht: Modernste digitale Technik einzuführen *und* ihre Cyber-Sicherheits-Kapazitäten zu stärken *und* eine lebendige Demokratie zu bewahren *und* ein offener, aber auf Regeln beruhender Markt zu bleiben *und* eng mit ihren internationalen Partnern zusammen zu arbeiten – *und* das ganze als „Green Deal" auch noch nachhaltig zu gestalten. Das klingt wie die „Quadratur des Kreises." Der Beweis des Gelingens ist noch zu erbringen.

Könnte es nicht sein, dass die beträchtlichen Fortschritte im Bereich der KI vor allem auf den überaus schnell wachsenden Rechnerkapazitäten beruhen? Dass dieses sogenannte *Brute-Forcing* letztlich ineffizient ist, weil der CO_2-Ausstoß unverhältnismäßig ansteigt? Könnten die sogenannten *Deep-Learning-Technologien* schnell an ihre Grenzen kommen, weil Algorithmen und Neuronale Netze nur auf das reagieren können, für das sie trainiert worden sind? Dass sie sich eben besonders gut für das Erkennen von Korrelationen trainieren lassen, aber Ursache und Wirkung nicht verbinden können? Ein Beispiel: Beim Besuch bestimmter Seiten im Netz muss der Besucher nachweisen, dass er kein Roboter ist. Das macht er, indem er Bilder identifiziert und Buchstaben-Zahlen-Kombinationen wiedergeben kann. Eben das, was kein Roboter zu können scheint.

International wird mit großem Aufwand an selbstfahrenden Automobilen gearbeitet. Die allgemeine Begeisterung dafür könnte man gelassen zur Kenntnis nehmen, wenn diese Entwicklung nicht auch ihre Kehrseite hätte: Wer mit KI selbstfahrende Autos entwickelt, kann diesen „Geist" nicht darauf beschränken, sondern es kommen unvermeidbar andere Anwendungen in den Blick: Zum Beispiel KI-Waffensysteme. Das ist keine sorgende Vermutung, sondern schon sichtbare Realität. Deutschland ist in Zusammenarbeit mit anderen Staaten bereits dabei, das Projekt „Future Combat Air System" voranzutreiben. Diese neue Generation von Waffensystemen kann weitgehend anonym bleiben, ist somit besonders als Offensivwaffe geeignet. Wird es dann noch – wie im „Kalten Krieg" des vorigen Jahrhunderts – ein Gleichgewicht des Cyber-Waffen-Schreckens geben können?

Damals beruhte das Gleichgewicht des Schreckens zwischen den Atommächten auf der sogenannten Zweit-Schlag-Kapazität. Die Sorge vor einem Zweit-Schlag machte den Erst-Schlag zu einem unkalkulierbaren Risiko und unterblieb deshalb.

Jetzt entwickelt sich über KI-Waffen eine neue Form von Krieg. Das große Maß an Anonymität des Cyber-Viren-Waffen-Einsatzes erschwert die „Attribution", die Zuordnung des Angriffs auf einen konkreten Angreifer und damit auch den Gegenschlag. Manche Autoren sprechen deshalb von der Gefahr eines „unsichtbaren Krieges".

Vor kurzem hat der Bundestag eine Enquete-Kommission eingerichtet: „Künstliche Intelligenz – Gesellschaftliche Verantwortung und wirtschaftliche, soziale und ökologische Potenziale". Monatlich werden von 40 Fachleuten technische, rechtliche und ethische Fragen beraten. Einige ganz grundsätzliche Fragen liegen auf der Hand und werden euch Jungen noch lange beschäftigen:

Werden wir Menschen die Kontrolle über unser Leben behalten oder werden die Computer unsere Oberherren werden?

Wird die Würde des Menschen durch KI antastbar(er) werden oder wo findet die Brauchbarkeit der KI ihre Grenze?

Wird eine ferngesteuerte Kriegsführung zu weniger Krieg und geringeren Kriegsfolgen führen oder würde mit dem Einsatz von Waffen-Robotern jegliche Reglementierung von „fairem" Verhalten im Krieg unmöglich werden?

Wird es einen Schutz vor Cyber-Kriminalität geben können oder was kann man tun, wenn Cyber-Kriminelle immer „dreister", mutiger, kreativer in ihren Angriffen werden?

Von vielen Beobachtern werden Digitalisierung und KI als eine zweite industrielle Revolution verstanden. Wegen der ähnlich gravierenden Folgen für die Menschen sei sie vergleichbar mit der ersten industriellen Revolution im 19. Jahrhundert. Genau wie damals könnte diese Entwicklung sich als eine Überforderung für die Menschen herausstellen, weil sie einen gewaltigen Umbruch markiert, der zunächst – wie alles Neue – Ängste schüre. Ängste verleiten leicht zu einem Schwarz-Weiß-Weltbild, weil die Komplexität der Verhältnisse den einzelnen überfordern kann. Dieses Gefühl der Überforderung kann deshalb wiederum Ängste befördern und möglicherweise zu einer Polarisierung der Gesellschaft beigetragen.

OPA, das klingt so, als sollten wir statt KI lieber bei ND bleiben. ND?

Ja, die „Natürliche Dummheit". Aber sag jetzt, was meinst du dazu?

Also wenn ihr mich schon fragt, dann will ich mit meiner Meinung nicht hinter dem Berg halten und glaube, dass es auf die zentralen Fragen in absehbarer Zeit keine befriedigenden Antworten geben wird und rate: Wehrt Euch gegen diese Entwicklung und schützt euch – und eure Kinder – vor den Folgen, so gut es geht. Mit Digital-Courage.

Drei: Gentechnik

1973 kann als das Geburtsjahr der Gentechnik gelten. Wissenschaftlern war es gelungen, in einem Reagenzglas DNA-Abschnitte (also Gene aus dem Informationsspeicher, der die Form einer Doppelhelix hat) aus zwei verschiedenen Bakterienarten miteinander zu kombinieren und diese in ein drittes Bakterium einzuschleusen. Dadurch war es möglich geworden, zielgerichtet genetische Veränderungen von Mikroorganismen, Pflanzen und Tieren vorzunehmen. Gentechnik umfasst alle Methoden und Techniken, mit denen gezielte Veränderungen am Erbgut vorgenommen werden können. Aber eigentlich liegt der Beginn zwanzig Jahre früher. Am 19. MÄRZ 1953 entdeckten James Watson und Francis Crick eher zufällig und mit Glück ein Modell für die Struktur von Desoxyribonukleinsäure, kurz DNA genannt. Damit war die Substanz entdeckt, die jedem Organismus – von der Pflanze bis zum Tier – innewohnt und alle Erbinformationen enthält. Dafür erhielten sie den Nobel-Preis.

Die Gentechnologie ist zu einem äußerst anspruchsvollen und vielfältigen Forschungsbereich geworden, der in fünf – nach Farben unterschiedenen – Anwendungsgebiete unterteilt wird:

Die *Grüne* Gentechnik betrifft die Pflanzenzüchtung; bei der *Roten* Gentechnik geht es um Medizin, Pharmazie und Gentherapie; in der *Weißen* Gentechnik produziert die Industrie u.a. Chemikalien; die *Graue* Gentechnik umfasst die Umwelttechnik mit Abfallbeseitigung und Trinkwasser-Aufbereitung; schließlich findet die *Blaue* Gentechnik ihr Anwendungsfeld in der Tiefsee.

OPA, muss ich diese eure Hinterlassenschaft wirklich verstehen?

Ich muss gestehen, ich verstehe sie auch nicht wirklich.

Opa, unser Lehrer hat uns mal ein Foto gezeigt von dem berühmtesten Schaf der Welt.

Ah ja, vom Schaf Dolly. Sie war das erste geklonte Schaf.

Was heißt das genau?

Dolly ist in einem schottischen Labor entstanden mittels einer bestimmten Technik. Sie wurde am 5. JULI 1996 geboren.

Was ist jetzt das Besondere an Dolly?

Dolly ist das genetisch identische Abbild ihrer bereits verstorbenen Mutter, weil die eine Körperzelle aus ihrem Euter gespendet hat. Ein geklontes Lebewesen.

Gehört das Klonen auch zur Gentechnik?

> Nein, das sind zwei verschiedene Sachen. Beim Klonen gibt es keine genetische Veränderung, sondern es entsteht eine „Kopie".

Opa, was meinst du nun dazu?

> Ich finde, wir hinterlassen euch damit eine Technologie, die nicht mehr zurück in die „Flasche" gehen wird.

Was können wir machen?

> Ganz besonders darauf achten, dass das Gesetz zur Regelung der Gentechnik von 1990 immer auf dem neusten Stand der technischen Entwicklung ist und sorgsam angewendet wird.

Was steht denn in dem Gesetz?

> Zweck des Gesetzes ist nach § 1 „Leben und Gesundheit von Menschen, die Umwelt in ihrem Wirkungsgefüge, Tiere, Pflanzen und Sachgüter vor schädlichen Auswirkungen gentechnischer Verfahren und Produkte zu schützen und Vorsorge gegen das Entstehen solcher Gefahren zu treffen. Zugleich soll das Gesetz einen rechtlichen und ethischen Rahmen für die Forschung, Entwicklung und Erprobung der Gentechnik bieten."

Dann kann ja nichts passieren ...

> ... wenn die deutschen Gesetze sorgsam ausgelegt und ernsthaft angewendet würden.

Warum „würden"?

> Weil es zahlreiche Interessengruppen gibt, die mit Gentechnik Geld verdienen wollen und an einer Aufweichung der Regeln interessiert sind und sich für viele Ausnahme-Regelungen einsetzen. Kürzlich ist in China die Geburt zweier genetisch veränderter Mädchen bekannt geworden.

Das ist doch verboten.

> In Deutschland, aber nicht überall und so ist das mit dem Geist und der Flasche. Jetzt gibt es viele Forscher, die fordern „Finger weg von der Gen-Schere." Das rate ich auch.

Selbst wenn die ErfinderInnen der Genschere Crispr-Cos9 gerade den Nobelpreis für Chemie erhalten haben.

Vier: Das World Wide Web

Am 12. MÄRZ 1989 wurde vom englischen Physiker Tim Burners-Lee das „World Wide Web" erfunden und erstmals vorgestellt. 30 Jahre später gibt es weltweit mehr als 4 Milliarden Nutzerinnen.

Eigentlich liegt der erste Schritt zur Erfindung des Internet noch weiter zurück. Manche datieren die Geburtsstunde auf den 29. OKTOBER 1969, als im Jahr der Mondlandung zwei Studenten in Kalifornien das erste „log in" gelang. Sie schickten das Wort „Login" von einem Großrechner zu einem anderen Großrechner.

Die Vor- und Nachteile dieser Entwicklung liegen oft so nah beieinander, sodass ein dauerndes Abwägen notwendig wird – für jeden einzelnen und für die Gesellschaft.

Zwar sind die sogenannten alten Medien noch nicht vollständig verschwunden. Allerdings werden „Nachzügler" der digitalen Entwicklung bald nicht mehr Schritt halten können und sich ausgesperrt fühlen. Das beginnt schon beim öffentlich-rechtlichen Fernsehen, wenn die Tagesschau für weitere Informationen zu einer Meldung auf das Netz unter www.tagesschau.de verweist. In Deutschland hat sich das World Wide Web erst so rasant entwickeln können, nachdem die Deutsche Bundespost privatisiert worden ist.

Wenn ich mir gegenüber ehrlich bin, muss ich zugeben, dass die Vorteile des Netzes – auch und gerade für uns NutzerInnen der analogen Generation – auf der Hand liegen. Im Alltag ist das digitale Buchen von Karten für Bus und Bahn, über Kino, Theater, und Konzert bis hin zum Fußballspiel leicht möglich – außer man hat „kein Netz"! Vorbei die Zeiten, in denen wir älteren Menschen nach dem Namen eines bestimmten Schauspielers suchten: „Du weißt schon, der blonde mit den blauen Augen, das war in dem Film ... warte mal ... der hieß, ach mit Berg oder so ... nein, da spielte doch diese Frau mit, die ..." und uns *vornahmen, in dem Filmlexikon nachzuschauen. Was dann meistens verblieb oder gerade dieser Film war in dieser Ausgabe des Lexikons nicht enthalten oder wir wussten am Ende nicht mehr, wonach wir eigentlich schauen wollten. Jetzt – ein Blick ins Netz, ein allgemeines Suchwort gegoogelt und schwupp, da ist er, der lang gesuchte Name. Klar, der war es, der Name lag mir auf der Zunge. Andererseits führt die Versorgung der Studierenden an den Universitäten mit Text-Ausschnitten in den „Lernräumen" der jeweiligen Veranstaltungen dazu, dass es für 25 000 Studierende keine Buchhandlung mehr in der Universität gibt – so geschehen in Bielefeld.*

Jetzt ist das digitale Zeitalter angebrochen. Digitalisierung – was immer das bedeutet – ist in aller Munde. Viele sagen, dass zahlreiche neue Arbeitsfelder ohne das Netz nicht entstanden wären. Die gesamte Logistik-Branche nutzt das Netz für neue Formen der Vertriebsorganisation. *Amazon* beispielsweise bietet Menschen mit Auto einen absolut flexiblen und frei zu gestaltenden Arbeitsplatz: Die Amazon-App enthält die Arbeitszeiten, die Arbeitsorte, gibt die Reihenfolge der Paket-Auslieferung vor und regelt die Stundenabrechnung.

Gleichzeitig wären die weltweiten Fluchtbewegungen des 21. Jahrhunderts ohne Netzkommunikation so nicht möglich gewesen.

Aber es ist wie mit dem Brotmesser – du kannst damit Brot schneiden und einen Menschen verletzen oder gar töten.

Mittlerweile gibt es viele – zu viele – Möglichkeiten des Missbrauchs in und mit dem Netz: Ein stetig zunehmender Hass macht sich in den sozialen Medien breit, gefördert durch die Netz-Anonymität; die Verbreitung von Falschmeldungen, Vorurteilen, und menschenverachtenden Redeweisen; die Gefahr von Fremdeinflüssen und Fake-Botschaften besonders bei Wahlkämpfen. Das führt zu neuen, großen Herausforderungen für die Gesellschaft und insbesondere für den Rechtsstaat und ihre direkten Repräsentanten: In der Justiz für die RichterInnen und Staatsanwälte; in der Verwaltung vor allem für diejenigen, die mit dem Vollzug der Gesetze betraut werden wie Polizei und Außendienste von Behörden aller Art. Sie sind oft überfordert, nicht entsprechend ausgebildet oder schlicht mit zu wenig Personal ausgestattet.

Gleichzeitig werden ständig neue Möglichkeiten der Kommunikation entwickelt, die oft zu Erleichterungen in einem verdichteten Alltag führen: Wie die Online-Beratung in Schwangerschaftsfragen oder die Bürgerberatung und selbst Online-Rechtsberatung. Die Vorteile: keine Wartezeiten, sofortiges Gehör, schnelle Informationen. Die Nachteile: Verlust von persönlichen Kontakten, kein zwischenmenschlicher Beziehungsaufbau.

Ich erlebe bei mir als einem aus der analogen Zeit einen starken Zwiespalt. Einerseits fasziniert mich diese Technik mit ihren anscheinend unerschöpflichen Möglichkeiten. Andererseits bin ich mit Blick auf die Folgen und Nebenwirkungen sehr besorgt. Die Weiterentwicklung der technischen Möglichkeiten scheint noch lange nicht abgeschlossen. Das Ziel-Objekt heißt „Quanten-Computer". Es wird berichtet, dass ein Quanten-Computer im Labor von Google 3 ½ Minuten benötige für die Lösung eines mathematischen Problems für das ein klassischer Computer 10 000 Jahre bräuchte. Experten vergleichen diese Situation mit 1903, habe ich gelesen. Damals gelang es den Brüdern Wright, mit ihrem Motorflugzeug wenige Sekunden in der Luft zu bleiben. Selbst mit wenigen Sekunden in der Luft sei der Beweis erbracht, dass eine Idee verwirklichbar ist. Bezogen auf den Computer heißt das: Zur Zeit soll es Chips mit 54 Quantenbits geben. Bis der Quantenbit universell einsetzbar ist, würden – sagt man – 1 Million Quantenbits benötigt. Erst dann könne das „Flugzeug" wirklich „fliegen", das dauere wohl noch zehn

Jahre. Zukunftsmusik. Schaue ich auf mein Handy, bin ich in der Gegenwart. Die Netzentwicklung erfordert einen wachsenden Verbrauch der notwendigen Rohstoffe, vor allem der seltenen Erden. Zum Beispiel Coltan wird besonders im Ost-Kongo unter teilweise unmenschlichen Bedingungen abgebaut. Gleichzeitig wurden 2016 allein in Deutschland circa 25 Millionen neue Handys gekauft mit einer durchschnittlichen Lebensdauer von 18 Monaten. Der jährliche Handy-Schrott beläuft sich auf circa 5000 Tonnen. Eine sich immer schnelle drehende Spirale von Herstellung, Nutzung, Abfall, Herstellung und so fort.

OB und wenn ja, WIE wir gesellschaftlich diese grundlegende Veränderung des sozialen Miteinanders bewältigen können, ist noch längst nicht ausgemacht. „Wenn wir den Anspruch auf unsere Daten jetzt nicht zurückfordern, wird es für unsere Kinder vielleicht zu spät sein. Dann werden sie und ihre eigenen Kinder selbst in der Falle sitzen: Jede künftige Generation wird vom Datengespenst der vorherigen verfolgt und der ungeheuerlichen Anhäufung von Informationen unterworfen sein. Informationen, deren Potential zur Kontrolle der Gesellschaft und der Manipulation jedes einzelnen nicht nur die gesetzlichen Beschränkungen sprengt, sondern auch jegliche Vorstellungskraft." So Edward Snowden in seinem Buch „Permanent Record." Er sollte es wissen. Zur Zeit Asylant in Moskau.

OPA, übrigens, Lissy sagt, ihre Mutter habe erzählt, ihre Freundin mache jetzt alles mit ihrem Handy.
Doch nicht alles.
Doch, im Haus und in der Küche alles: „Smarthome-Technik".
Schön und gut, dann kannst du Helenes Mutter vielleicht mal das Video von dem Mann schicken, der vom Zahnarzt kommt und …
… und nicht mehr deutlich sprechen kann. Kenn ich, ist witzig, aber nicht realistisch.
Nicht realistisch? Dann werde ich dir mal sagen, was realistisch ist: Der Stromverbrauch von Google beträgt

pro Jahr 5,7 Terrawatt (so viel wie die Stadt San Francisco jährlich verbraucht), die Smarthome-Technik verbraucht ein Mehr an Energie ...

Opa, gehst du jetzt nicht mit dem Netz etwas sehr streng ins Gericht?

Sehr streng, wieso? Das sind doch nur Fakten.

Opa, zu den Fakten gehört auch, dass man durch die App-Steuerung von Heizungen den Wärmebedarf besser regulieren und somit Energie einsparen kann, dass man ...

Selbst wenn das den Mehrverbrauch der technischen Geräte wieder aufhebt, dann ist das ein Nullsummenspiel.

Opa, gehört nicht auch zu den Fakten, dass du kürzlich im Netz nach einer Anleitung gesucht hast, weil dein sportlich versierter Nachbar verreist war?

Opa schweigt verlegen.

Hast du mir nicht voller Stolz erzählt, dass du mit Hilfe dieser Anleitung zur „Wurftechnik im Schleuderball" die Weite für das Goldene Sportabzeichen geschafft hast?

Opa schweigt weiter, leicht errötend.

Also ist das Netz auch zu was Gutem nutze?

Ja, das kann ich nicht leugnen. Aber ...

Aber ich erinnere mich auch an Deine Tipp-Ex-Erlebnisse.

Was für Tipp-Ex-Erlebnisse?

Nun, du hast mir doch von deiner Brother Schreibmaschine erzählt.

Stimmt, mehrfach sogar.

Und ich erinnere mich, wie stolz du auf das Korrektur-Band in dieser Schreibmaschine warst.

Stimmt auch.

Und dass damit das Korrigieren von Tipp-Fehlern einfacher wurde, anders als bei deiner Uni-Abschluss-Arbeit, wo du Tipp-Fehler auf jedem Durchschlag mühsam mit Tipp-Ex-flüssig oder mit Papier verbessern musstest ...

Wenn ich daran denke!

Siehste ...

Woher hast du nur so ein verdammt gutes Gedächtnis?!
Diesmal ist es weniger das Gedächtnis.

Sondern?

Ein Zusammenspiel der Generationen.

Jetzt bin ich aber gespannt.

Du dachtest, Tipp-Ex wäre etwas aus deiner Generation ...

... das ihr nicht mehr kennt und deshalb ...

Im Gegenteil: Tipp-Ex gibt es immer noch – aktuell als
Korrekturstift oder flüssig. In meiner Federmappe habe ich
den „Correction Pen – Shake'n Squeeze."

Interessant, wie wir vom Netz zum Handy kommen und
bei Tipp-Ex landen.

Sag ich doch. Du weißt ja, dass man Zahnpasta, die aus der
Tube raus ist, nicht wieder reinkriegt. So ist das mit den sozialen Medien auch und es hat keinen Zweck, sich verzweifelt
dagegen zu wehren.

Übrigens merke ich gerade: Es fehlt noch was!

Was denn?

Die obligatorische Frage: Opa, was meinst du dazu?

Enkelkind zögert, schaut zu Boden.

Was ist?

Nein Opa, ich werde dich diesmal nicht nach deinem
Ratschlag fragen.

Hm, schade. Willst du mir auch verraten warum nicht?
Opa, der hilft nicht, dein Rat ist von gestern, du bist analog,
wir verstehen uns nicht – jedenfalls nicht wirklich. Außerdem
weiß ich schon, was du diesmal geraten hättest.

Da bin ich aber gespannt. Kannst du etwa Gedanken lesen?
Nein, aber die Debatte um die Betriebssysteme und die Gefahren eines friedlichen und kreativen Umgangs mit dem Netz
legen nahe, sich zu vereinigen, Stichwort Linux, irgend was in
der Richtung.

Ich bin baff. Stimmt genau.

Wir sind noch mal davon gekommen
oder
Was ist mit der Generationengerechtigkeit?

„Wir sind jung, wir sind laut, weil ihr uns die Zukunft klaut!" Heißt einer der beliebten Sprüche auf den F4F-Demonstrationen. Damit ist die Debatte „junge gegen alte Generationen" eröffnet. Die Jungen, das sind – nicht nur, aber insbesondere – diejenigen, die im 21. Jahrhundert geboren wurden und zum Zeitpunkt des geplanten Kohleausstiegs diejenigen sein werden, die im besten Alter die Gesellschaft mit tragen und mit bestimmen werden. Die Alten sind wohl mit dem IHR gemeint. Also alle, die im 20. Jahrhundert gelebt und mit dazu beigetragen haben, dass der Klimawandel dahin gekommen ist, wo er heute steht. Mit anderen Worten: Ihr alten habt es gut gehabt, ihr seid noch einmal davon gekommen und habt mit eurem Lebenswandel gut für euch gesorgt, d.h. ihr habt Frieden und Wohlstand genossen und dabei mit der Ausbeutung der Erde unsere Zukunftschancen verspielt. Wie viel Wahres ist an dieser etwas groben Darstellung dran? Was sollten wir, die alten, uns davon annehmen und wo sollten wir auf Differenzierung drängen?

Wer ist eigentlich WIR? Selbst wenn 1 1/2 Millionen junger Leute weltweit demonstrieren, repräsentieren sie dann DIE Generation der jungen Leute? Und wie ist das mit dem IHR? Ist die alte Generation für den jetzigen Zustand auf der Erde allein verantwortlich zu machen? Werden da nicht sehr grob alle Menschen eines bestimmten Alters undifferenziert in einen Topf geworfen: arme und reiche, kluge und dumme, aktive und passive, privilegierte und benachteiligte?

Ok Opa, da ist was dran. Wir haben gelernt. Der letzte Aufruf zur F4F-Demonstration war differenzierter und forderte alle Berufe, alle Menschen jeglichen Alters zum Mitmachen auf.

Und was heißt hier BETROGEN? Das klingt so verdammt moralisch, als wenn wir uns bewusst dafür entschieden hätten, die Umwelt zu schädigen und die Natur zu zerstören.

Wahr ist, dass glücklicherweise immer mehr Menschen ihr ökologisches Gewissen entdecken. Das hat allerdings zur Folge, dass der Klimawandel vielfach zu einer moralischen Forderung gemacht wird: „Du musst deinen privaten Lebenswandel umstellen, du darfst in dieser Situation nicht mehr dies und das und jenes. Sonst bist du schuld, dass Wachstum und Konsum so weiter gehen wie bisher". Gibt es wirklich nur die persönliche Schuld? Für alle Generationen gelten die ökonomischen Voraussetzungen, unter denen Klimawandel stattfindet, stattfand und weiter statt finden wird: Die kapitalistische Wirtschaftsform mit der Akkumulation von Kapital, der Gier nach Profit und dem ewigen Wachstum. Wachsende Produktivität bedeutet immer auch Wachstum des Ressourcenverbrauchs. „Die Geschichte vom ewigen Wachstum des Konsums für alle ist nicht aufgegangen," schreibt Maja Göpel in ihrem Buch *Unsere Welt neu denken* und weiter: „Weder ökologisch noch sozial. (...) Der eigentliche Zweck das aktuellen Systems lautet eben aller anderslautenden Beteuerungen zum Trotz doch endloses Wachstum an Absatz, Gewinnen und Besitz, koste es, was es wolle." Dies dient den weinigen Profiteuren dieses Systems, die vielfach auch die Verursacher des Klimawandels sind.

OPA, war das jetzt nicht ein bisschen viel aus der „1968-Zeit"?
> Gut, ich war etwas emotional, vielleicht hätte ich Reizworte vermeiden sollen. Aber Maja Göpel gehört zur Generation eurer Eltern.

Aber das mit der Gemeinsamkeit stimmt schon. Dürfen wir dann noch auf Generationengerechtigkeit pochen?
> Schon, aber vorher muss man sich über die jeweiligen Wahrnehmungen verständigen.

Wie kann das gehen?

Da könnte uns eine fiktive Alltagsgeschichte helfen, die so ähnlich schon im Netz Verbreitung fand.
Opa, leg endlich los.

Es ist die Geschichte von einer zufälligen Begegnung im Supermarkt zwischen einer junger Kassiererin und einer alten Dame, einer gelegentlichen Kundin.

Beim Bezahlen an der Kasse im Supermarkt packt die „alte" Dame (schätzungsweise über 70 Jahre) ihre wenigen Einkäufe auf das Band. An der Kasse sitzt eine „junge" (schätzungsweise Anfang 20) modisch gekleidete und tätowierte Kassiererin. Die beiden kommen ins Gespräch, als die alte Dame nach einer Plastiktüte greift.

Die junge Kassiererin: Die kostet 20 Cent.

Die alte Dame: Ich weiß.

Es wäre schön, wenn Sie beim nächsten Einkauf ihre Einkaufstasche mit brächten. Plastiktüten sind schlecht für die Umwelt. Sie werden glücklicherweise bald gar nicht mehr angeboten werden.

Da haben Sie recht. Entschuldigen Sie bitte. Leider war ich in Eile und habe entgegen meiner Gewohnheit meine Einkaufstasche zu Hause vergessen. Das Alter ...

Vergessen? Ich glaube eher, dass ihre Generation sich keine Gedanken darüber macht, in welch schlechtem Zustand sie die Erde uns, den zukünftigen Generationen, hinterlässt. Umweltschutz ist wahrscheinlich ein Fremdwort für Sie.

Halten wir das Gespräch hier einmal kurz für eine Zwischen-Bemerkung an: Der Dialog klingt je nach Tonlage nicht sehr freundlich und auch wenig respektvoll. Die letzte Bemerkung könnte auch der Einstieg in ein Streitgespräch zwischen den Generationen werden. Die alte Dame könnte möglicherweise verärgert sein über „die" jungen Leute, die zu solchen Unterstellungen greifen und dann selbst ärgerlich reagieren. Ein solches Gespräch würde wohl ohne jedes gegenseitige Verstehen enden. Wenn wir uns die alte Dame aber als eine erfahrene, lebenskluge Frau vorstellen, die solche „Vorwürfe" schon von ihren Enkeln kennt und in der Lage ist, gelassen zu reagieren, dann könnte das Gespräch so weitergehen:

> Das stimmt. Unsere Generation kannte den Begriff Umweltschutz noch nicht.

Sehen Sie, genau das meine ich.

> Aber wissen Sie, Umweltschutz war auch irgendwie nicht nötig, wir brauchten kein besonderes Wort für unser Verhalten. Getränke wurden nur in Flaschen verkauft. Alle Flaschen wurden in den Laden zurück gebracht, in dem wir die Getränke gekauft hatten. Von dort gingen sie an den Hersteller zurück, der die Flaschen wusch, sterilisierte und auffüllte, so dass jede Flasche viele Male benutzt wurde.

Klar, Mehrweg, das gibt es heute auch noch.

> Wenn ich die Milchtüte sehe, die ich gerade gekauft habe – Milch holten wir damals beim Milchhändler in unserer eigenen Milchkanne ab.

Wie unhygienisch.

> Für unsere Einkäufe benutzten wir Einkaufsnetze, Körbe oder Taschen. Plastiktüten gab es kaum.

Das wird ja bald wieder so sein.

> Ja, alles scheint sich im Schneckentempo zu verändern. Meine Kinder hatten in den 80er Jahren schon den Satz „Jute statt Plastik" von uns gehört.

Jute ...?

> Hatten wir das Netz – oder den Jute-Beutel – mal vergessen, so gab es in den Geschäften braune Papiertüten, die wir zu Hause weiter verwenden konnten.

Wir haben auch Papiertüten, kosten 15 Cent.

> Ich habe zum Beispiel noch meine ersten Schulbücher in dieses braune Tütenpapier eingepackt. Die Schulbücher sollten wir gut behandeln, weil sie uns kostenlos zur

Verfügung gestellt wurden. Nach Beendigung des Schul-
jahres wurden sie wieder eingesammelt und in gutem
Zustand an die nachfolgenden Jahrgänge weiter gereicht.
Schulbuchfreiheit gibt es heute doch auch. Aber eigentlich
brauchen wir gar keine Schulbücher mehr; bald geht alles nur
noch digital.

Ich habe 7 Enkel im Alter von 5 bis 17 Jahren und sehe
diese Entwicklung mit Sorgen …

… echt Old School.

Ich wohne noch in einem Altbau. Ich steige Treppen in
den dritten Stock. Das Haus hat keinen Aufzug – früher,
da gab es kaum Aufzüge, auch keine Rolltreppen wie hier
im Supermarkt.

Die Technik ist eben besser heute und Rolltreppen sind selbst-
verständlicher Standard. Ich möchte darauf nicht verzichten.

Wir gingen viel zu Fuß. In jedem Wohnviertel gab es
Geschäfte. Wer hatte damals schon ein Auto. Ach, die
schönen alten „Tante-Emma-Läden" …

Sie können die Zeit doch nicht zurückdrehen. Man braucht
heutzutage ein Auto.

Muss es denn ein 300 PS starker Geländewagen sein.
Diese SUVs finde ich völlig überflüssig.

Jeder nach seinem Geschmack. Es wird gebaut, was nach-
gefragt wird.

Mein ältestes Kind trug als Baby anfangs noch Stoffwin-
deln. Diese Plastik-Pampers kamen erst später. Das war
natürlich eine Erleichterung. Meine Mutter hat noch viel
gewaschen. Zunächst ohne Waschmaschine. Vor allem
die Windeln. Aber einen Wäschetrockner hatte ich nie.

Wer hat heute dafür noch Zeit? Wie trocknet man die Sachen
in einer Mietwohnung? Pampers sind einfach praktisch, das
sehe ich bei meinem Neffen. Sauber machen und weg.

Die Kleidung der Kinder ging meist an die jüngeren
Geschwister; denn immer wieder neue Kinderkleidung zu
kaufen, konnten wir uns damals nicht leisten.

Ich trag doch nicht die gebrauchten Klamotten meiner
Schwester. Die sind ja voll out.

Wissen Sie, wir hatten zu Hause ein einziges Radio und
später einen kleinen Schwarz-Weiß-Fernseher mit einem
Bildschirm in Taschentuchgröße.

Voll krass.

In der Küche gab es anfangs keine elektrischen Maschinen.

Unglaublich.

Als Polstermaterial für Päckchen und Pakete benutzten
wir alte Zeitungen, kein Styropor oder Plastik. Der Rasen-
mäher wurde mit der Hand geschoben, machte keinen
Krach. Das Wasser tranken wir aus der Leitung. Unsere
leeren Schreibfüller wurden wieder mit Tinte gefüllt,
anstatt neue zu kaufen. Und ...

... das muss ja alles ungeheuer anstrengend gewesen sein.

Sagen wir mal so: Das Wort Umweltschutz war damals
noch nicht geläufig. Das Bundesumweltamt begann erst
1974 mit seiner Arbeit. Wer sich umweltbewusst verhalten wollte, musste das aus eigener Überzeugung tun.
Es gab noch keine gesellschaftliche Haltung, keinen,
wie würden Sie heute sagen, keinen „Mainstream", dem
man folgen konnte.

Hier könnte das Gespräch vorläufig enden. Es ist offensichtlich, dass die junge Kassiererin zunehmend interessierter zu-
hört (es warten gerade keine weiteren KundInnen an der Kasse)
und damit verständnisvoller – zu verständnisvoll? – wird. Was
bleibt noch an wirklich unterschiedlichen Wahrnehmungen
zwischen den Generationen übrig? Je länger der Austausch
dauern würde, je mehr Gemeinsamkeiten würden deutlich
werden. Die junge Kassiererin könnte vielleicht sagen: Ich
habe kürzlich ein Buch gelesen. „Fünf Hausmittel ersetzen
ein Drogerie." Nämlich Natron, Soda, Essig, Zitronensäure und
Kernseife. Damit könne man 40 bis 60 Kosmetik- und Pflege-
und Reinigungsprodukte ersetzen, die durchschnittlich in

jedem Haushalt stehen. Die alte Dame könnte antworten: Die kenne ich alle und die haben wir in unserer Jugend benutzt, um Pflege-, Haushalts- und Kosmetik-Produkte selber herzustellen. Die junge Kassiererin könnte sagen: Selbermachen macht Spaß. Ich werde das auch ausprobieren. Und es schont die Umwelt. Dann würde die alte Dame aus der Nachkriegsgeneration erwidern: Das muss ich zugeben. Wir – nein, eigentlich unsere Eltern-Generation, das wäre Ihre Ur-Großmutter – hat das damals nicht wegen der Umwelt gemacht, sondern aus Mangel an Alternativen. Es gab nur wenige fertige Produkte – es waren Kriegs- bzw. Nachkriegszeiten. Not macht erfinderisch!

Am Ende könnten beide feststellen, dass die Entwicklung des Umweltschutzes den Verlauf einer Spirale hat: Alles ist irgendwie bekannt oder aufgrund bestimmter Erkenntnisse jetzt erkannt worden. Alte Erfahrungen werden wieder neu entdeckt. Der aktuelle Unterschied zwischen den Generationen besteht vielleicht in ihrer Haltung. Etwas kompliziert gesprochen – in dem Unterschied von *effektiv* und *effizient*: Die junge Kassiererin möchte Effizienz, d.h. mit wenig Aufwand den größtmöglichen Beitrag zum Umweltschutz leisten. Die alte Dame will effektiv sein: Wie verringere ich durch meine Anstrengungen meinen eigenen Ressourcenverbrauch? Ohne dass diese Unterscheidung den beiden bewusst wäre, ist ein gegenseitiges Verstehen entstanden und die Kassiererin könnte von Herzen sagen: Das ist ja wirklich interessant, was Sie sagen. Danke, dass wir darüber sprechen konnten ...

Im übrigen: *Für Sama* mussten deren Eltern eine Entscheidung treffen – Flüchten oder Standhalten – eine Wahl zwischen zwei gleich bedrückenden Übeln. Generationengerechtigkeit?

Opa, bist du eigentlich enkeltauglich?

OPA, bist du eigentlich *enkeltauglich?*

    Wo hast du das denn aufgeschnappt? Enkeltauglich?

    Das ist ja fast eine Beleidigung ...

Sei doch nicht gleich eingeschnappt, es ist nicht persönlich gemeint.

    Nicht persönlich, aber wie dann?

Du hast doch immer gesagt, ihr hättet „die Erde nur von den Kinder geborgt".

    Stimmt, das meine ich auch heute noch.

Wenn man etwas geborgt hat, dann muss man es irgendwann zurückgeben, oder?

    Ja, das ist unabdingbar.

Dazu gehört doch auch, dass man das, was man geborgt hat, nicht beschädigen darf.

    Genau, juristisch ist das eine Leihe und dazu gehört ...

... Opa, ich weiß. Wenn ihr also die Erde geborgt, also Euch ausgeliehen habt, dann müsst ihr sie also in einem guten Zustand hinterlassen.

    Der Entleiher darf von der Sache keinen vertragswidrigen Gebrauch machen und ...

... man muss die Sache also in gebrauchsfähigem Zustand zurückgeben.

    Stimmt, und was hat das mit Enkeltauglichkeit zu tun?

Ist die Erde, die Ihr euch ausgeliehen habt, noch in einem intakten Zustand? Oder habt ihr sie atomar verseucht und ausgebeutet und ...

    Opa schaut betreten weg.

Enkeltauglichkeit setzt voraus, dass man nicht mehr verbraucht als vorzuhalten ist.

    Jetzt verstehe ich endlich, worauf du hinaus willst.

Ihr habt euch verhalten, als gäbe es noch eine zweite Erde.

    Stimmt. Ihr seid berechtigt zu fragen: Opa, bist du enkeltauglich, d. h. hast du alles dir mögliche getan, um eine

intakte Umwelt zu hinterlassen?
Und eine enkeltaugliche Gesellschaft!
> *Opa schweigt verlegen. Nach einer Pause:* Wo hast Du das
> eigentlich her, das mit der Enkeltauglichkeit?
Von Harald Welzer.
> Enkeltauglich, so habe ich das noch nicht gesehen. Aber
> es passt zum gängigen Verständnis von Nachhaltigkeit.
> Nachhaltig ist eine Entwicklung erst dann, wenn sie öko-
> logische, wirtschaftliche und soziale Interessen in eine
> ausgleichende Balance gebracht hat; und auch nur dann,
> wenn die Interessen und Bedürfnisse der nachfolgenden
> Generationen ausreichend berücksichtigt worden sind
> und weiterhin werden.
Wer hat das mit der Nachhaltigkeit eigentlich erfunden?
> Es war im 18. Jahrhundert, als kluge Leute merkten, dass
> die Abholzung der Wälder – für welche Zwecke auch im-
> mer – bald zu einem Mangel an Holz führen würde. Deshalb
> begannen einige Leute aus der Forstwirtschaft, vor allem
> auch Waldbauern aus dem Siegerland, das „Hauberg-Prinzip"
> zu entwickeln: Es wird nur soviel Holz geschlagen, wie auch
> wieder nachwächst. Die Idee der Nachhaltigkeit war geboren.

OPA, was ist *Ökoroutine?*
> Wie kommst du denn jetzt da drauf?
Ich hab das Buch auf deinem Schreibtisch gesehen.
> Ah, ja, das ist eine sehr kluge Idee. Der Autor meint, der
> Umgang mit der Umwelt müsse uns so selbstverständlich
> werden wie das Autofahren.
Ich kann aber noch nicht Auto fahren.
> Aber Routine kennst du: Morgens aufstehen, waschen,
> Frühstücken, Zähne putzen und zur Schule …
Ja, fürchterlich und langweilig und …
> Das ist die Idee: Das Langweilige ist oft langweilig, weil es
> so selbstverständlich ist. Man macht es zum hundertsten
> Mal, ohne nachzudenken.

Und wo bleibt jetzt das Öko?

Eine der alltäglichsten Routinen – wenn auch noch nicht für dich – ist das Autofahren. Autofahren ist äußerst komplex, wenn man es sich genau anschaut. Aber unser Gehirn hat bestimmte Regionen, um Automatismen, wie wir sie für das Autofahren brauchen, zu speichern.

Du musst also über die vielen verschiedenen Handlungen und Hand-Griffe gar nicht mehr nachdenken.

Es ist Routine.

Und der Autor meint jetzt, unser Verhalten ...

... in Umweltsachen müsse auch so routiniert verlaufen – und über Regelungen gelenkt werden – sodass man gar nicht mehr darüber nachdenken muss, was in den gelben Sack gehört ...

... dass man immer eine Tasche oder Gemüse-Säckchen bei sich hat ...

... und beim Kaufen auf Produkte mit wenig Plastik-anteilen achtet. Das könnte helfen, „enkeltauglich" zu werden. Aber da fällt mir zufällig ein: Wie sieht das eigentlich mit dem Plastik-Verbrauch bei LEGO aus?

Das ist unfair!

Warum unfair?

Weil es noch keinen wirklich alternativen Werkstoff gibt.

Ich habe gelesen, dass die Firma 2014 77000 Tonnen Erdöl für ihre berühmten Steinchen verbraucht hat.

Ich habe gelesen, dass sie extra ein Labor eingerichtet haben, um nach einem Ersatzstoff zu forschen.

Ich will dir dein LEGO nicht madig machen. Eigentlich habe ich das nur gesagt, um mich zu revanchieren.

Für was?

Für die Frage nach meiner „Enkeltauglichkeit".

Ok. Unentschieden.

Vielleicht können wir verabreden, dass wir uns gegenseitig erinnern dürfen, wenn die Ökoroutine aus dem Blick gerät.

Für jede Erinnerung gibt es einen Punkt.

Und dann?

Wer nach einer bestimmten Zeit die meisten Punkte hat, muss den anderen zum Eis-Essen einladen.

Perfekt.

Aber nicht im Pappbecher, sondern mit Hinsetzen im Eiscafé!

An die zukünftigen Generationen
oder
Der Versuch einer Entschuldigung.

Es gibt Menschen aus dem 20. Jahrhundert, die erkannt haben, dass es Veränderungen geben muss. Einer von Ihnen ist Alexander Gerst, der von der Raumstation ISS auf die Erde schaut und über sie nachdenkt. An jedem Tag, den er von da oben auf die Erde heruntergeblickt hat, erzählt Gerst, dachte er an seine noch ungeborenen Enkel. In einer Botschaft an diese Generation teilt er mit, „dass ich mich bei euch wohl leider entschuldigen muss. (...) Im Moment sieht es so aus, als ob wir, meine Generation, euch den Planeten nicht im besten Zustand hinterlassen werden. Ein mit Kohlen-Dioxid verpesteter Planet, auf dem wir das Klima zum Kippen bringen, zu viele Wälder roden, die Meere mit Müll verschmutzen, die limitierten Ressourcen viel zu schnell verbrauchen und zum Großteil sinnlose Kriege führen".

Bei dem Blick von oben auf die Erde kann man die Schäden an der Umwelt erkennen, sogar die Rauchschwaden der monatelangen Wald- und Buschbrände in Australien kann man sehen. Aber man kann nicht die Risse sehen, die in unseren Gesellschaften an einigen tragenden Säulen der marktwirtschaftlich organisierten Demokratie bereits entstanden sind.

Welche das sind? Gut, ich nenne Euch drei Beispiele, die ich als Risse bezeichnen würde, wie der Riss in einer Hauswand eines Hauses im Ruhrgebiet, der in vielen Fällen durch den unsichtbaren, unterirdischen, jahrelangen Kohle-Abbau entstanden ist. Das ist kein einfaches Thema, aber ich glaube, ihr versteht das Wesentliche schon jetzt, bestimmt aber in einigen Jahren.

Der erste Riss ist durch die sozialen Medien deutlich(er) sichtbar geworden, aber er hat sich schon länger angekündigt: In unserer Gesellschaft fehlt es an einer ausgeprägten und konstruktiven *Streitkultur*. Vielfach denken die Menschen, Streit sei schlecht und unter allen Umständen zu vermeiden. „Bloß kein Streit" ist das Motto in vielen Familien, Vereinen und Parteien. Aber wie soll man unterschiedliche Interessen und Bedürfnisse ohne Streit miteinander vereinbaren können? Streit in diesem gewünschten Sinne bedeutet dann auch nicht, sich zu beleidigen, lautstark zu beschimpfen oder gar gewaltsam zu verhalten; sondern die unterschiedlichen Sehweisen auf den Tisch zu legen, die eigenen Interessen zu erläutern, Argumente auszutauschen und nach einer Lösung zu suchen, die – vielleicht auch erst mittel- oder langfristig – dazu führen kann, dass keiner sich als Verlierer fühlen muss. Mediation, Vermittlung in Konflikten, ist ein mittlerweile erprobtes Instrument, das dabei helfen kann. Das Entscheidende ist, dass sich die Streitparteien von Angesicht zu Angesicht auseinandersetzen und darauf achten, dass keiner – im wahrsten Sinne des Wortes – „sein Gesicht verliert". Die anonymen Hass- und Hetze-Kommentare sind das genaue Gegenteil und letztlich für die Gesellschaft schädlich.

OPA, jetzt geben wir dir mal einen Rat.
    Ja gerne.
Sei nicht zu optimistisch wegen der Mediation. Du bist da, glaube ich, befangen als Mediator.
Ich finde, du bist zu pessimistisch. Die sozialen Medien werden irgend wann langweilig und an Bedeutung verlieren ...!
    Ihr werdet es erleben. Ich hoffe, dass ihr Recht behalten werdet. Die Nutzer-Zahlen sagen allerdings etwas anderes.

Twitter gehört noch nicht einmal zu den 10 weltweit
größten sozialen Netzwerken. Ganz oben steht *Facebook*
mit 2,2 Milliarden NutzerInnen. In Deutschland sind es
31 Millionen. *WhatsApp* steht an dritter Stelle mit 1,5 Milliarden NutzerInnen, gehört jetzt aber zu Facebook genau
so wie *Instagram* auf Platz 7 mit 800 Millionen Nutzer-
Innen; dazu kommt noch der *Facebook Messenger* mit 1,3
Milliarden. *YouTube* – Platz 2 mit 1,6 Milliarden – gehört
zu *Google*. Die chinesischen und asiatischen Netzwerke
wie *QZone, Sina Weibo, Wechat* und *Tencent* QQ haben ihre
Möglichkeiten noch längst nicht ausgeschöpft. Es ist die
hohe Konzentration von Meinungsmacht und wirtschaft-
licher Macht, die mich sorgt.

Opa, ohne uns können die gar nichts machen.

Jetzt sei ihr aber verdammt optimistisch.

Und du bist zu einseitig. Hast du schon vergessen, wie sehr
du dich über die YouTube Videos von den Konzerten auf den
Balkonen in Italien in der Corona-Krise gefreut hast.

Korrekt. Ich gebe es zu.

Der zweite Riss betrifft unsere *Demokratie*. Es gibt Forscher,
die die Entwicklung der Demokratie seit Jahren begleiten
und jetzt sogar von *Demokratie-Entleerung* sprechen. Damit soll
ausgedrückt werden, dass das Parlament und die Wähler-
Innen immer mehr an Einfluss verlieren. Einerseits wächst
die Macht der Lobbyisten und sie nehmen oftmals sehr
direkten Einfluss auf das, was gesetzlich geregelt werden
soll. Andererseits treffen Politiker – immer öfter und immer
mehr – ihre Entscheidungen mit Hilfe von Beratungsgesell-
schaften. Es gibt einige große deutsche Beratungsfirmen, die
die meisten Aufträge erhalten und somit den größten Einfluss ausüben können. Sie sind allerdings – gemessen an den
großen Vier auf der Welt, „kleine Fische". Die Bedeutung
und die Einflussmöglichkeiten der großen Beratungsgesell-
schaften lassen sich an deren Jahresumsätzen ablesen: *Deloitte*

43 Milliarden US-Dollar, *PricewaterhouseCoopers* 41 Milliarden US-Dollar, *Ernest & Young* 34 Milliarden US-Dollar und *KPMG* 28 Milliarden US-Dollar.

Deren Arbeit bezahlen wir nicht nur aus Steuergeldern, sondern sie höhlen mit ihrem unkontrollierten Einfluss auch das demokratische Entscheidungs- und Kontrollsystem aus.

Die Sozialen Medien spielen dabei eine nicht unbedeutende Rolle. Die Gründer dieser Medien sind längst nicht mehr die größten Anteilseigner ihrer Firmen. Werden wir so – heimlich – zu einer „marktkonformen Demokratie"?

OPA, da hast du aber ordentlich recherchiert.

Ja, habe ich, für euch.

Aber das betrifft jetzt vor allem die USA.

Ja, aber …

Opa, global denken und lokal handeln! Haben wir von dir gelernt.

Schließlich ist ein dritter Riss unübersehbar. Die Politik hat seit der Lehmann-Krise von 2008 mit Mühe das internationale Bankensystem mit Regeln zu ordnen und zu kontrollieren versucht. Daneben droht ein übermächtiges *Finanzsystem* außerhalb der Banken zu entstehen. Es hat einen Namen: BlackRock (BR). Klugen Journalisten und einer mutigen Filmemacherin verdanken wir einen Einblick in die Finanzmacht-Einrichtung BlackRock, die mit 18 Billionen (!) Euro täglicher Geldbewegung für den Finanzmarkt von sehr großer Relevanz ist, systemrelevant wie das Politiker heute nennen. Dabei bleibt sie unkontrolliert und unbeeinträchtigt von allen Bank-Regeln, weil BR keine Bank ist. Lawrence D. Fink heißt ihr Chef. Das Prunkstück seiner Firma ist „Aladin", ein Riesencomputer, der mittels Algorithmen alles berechnen und auswerten kann, was ihm an Datenmaterial zur Verfügung gestellt wird. Aladin registriert die Unmenge weltweiter digitaler Fingerabdrücke, wertet sie aus, analysiert sie und übersetzt sie in Maßnahmen.

Ein Drittel des Geschäfts läuft mit Kleinanlegern, denen ETF-
Fonds (Exchange Trade Fonds) angeboten werden Diese Fonds
sind an den Dax-Indices orientiert, breit gestreut und relativ
risikoarm. Das bedeutet aber nicht, dass sie vor Störungen
wirklich sicher sind, weil es davor keinen verlässlichen Schutz
geben kann. BR beherrscht in den USA das gesamte Renten-
anlage-Vermögen. BR sitzt in 17 000 Aufsichtsräten von Aktien-
gesellschaften und entscheidet mit in deren Hauptversamm-
lungen. Die Macht von BR ist zum einen *Finanz-Macht*, zum
anderen *Markt-Macht*, – weil den Konkurrenten weit überlegen –
und schließlich auch *Politik-Macht*. BR redet von Gemeinwohl
und strebt nach Profit. BR ist ein „Goliath" und hat eigentlich
keine Gegenspieler. Allerdings gibt es auch in dieser Geschichte einen „David." Er wird verkörpert von der „etheon Stiftung".
Sie untersucht das System der sogenannten Gemeinwohl-Orien-
tierung (der „Common Ownership") und versucht nachzuwei-
sen, dass damit in Wahrheit Wettbewerb verhindert wird und
sich Produkte für den Verbraucher verteuern.

Zufällig hat BR in diesen Wochen eine Mitteilung herausgegeben, dass mehr auf Nachhaltigkeit geachtet und gesetzt werden
solle. Unglaublich? Unglaubhaft? Nein, in der BR-Logik ist doch
klar: wenn „Klimarisiken" zu „Investitionsrisiken" werden,
dann müssen die unbedingt bei diesem Geschäftsmodell ver-
mieden werden. Das zeugt von flexibler Klugheit. Denn letztlich ist es egal, woher der Klimaschutz kommt, Hauptsache er
kommt. BR verkündet, die Finanzmärkte müssten voran gehen.
   Firmen sollen transparent und nachhaltig werden. Wenn
sie dies nicht wollten, so die Mitteilung, könnten wir von
BR mit den Vorständen reden und unseren Einfluss in den
Aufsichtsräten geltend machen. Denn: „Klimarisiken" sind
„Finanzrisiken"!

OPA, gib acht, dass du dir nicht um Sachen zu viel Sorgen
machst, die du nicht beeinflussen kannst.

Danke für diese Vorlage: Der nächste Kanzlerkandidat in Deutschland könnte ein BlackRock-Manager sein.

In echt?

In echt! Die CDU sucht gerade einen neuen Vorsitzenden und einer der drei Bewerber heißt Friedrich Merz und war lange Jahre der Vorsitzende des Aufsichtsrates der „BlackRock Asset Management Deutschland AG."

Voll krass. Aber die Wahl ist doch gerade gelaufen. Du kannst also beruhigt sein.

Beruhigt? Ein bisschen schon, aber …

Opa, was ist jetzt mit der Entschuldigung?

Dem Versuch einer Entschuldigung.

Was nun, Fisch oder Fleisch?

Es kann eigentlich keine geben.

Warum nicht?

Wegen Brecht.

Brecht?

Der Dichter Berthold Brecht hat ein Gedicht geschrieben, das mir dazu einfällt:

> „Sie sägten die Äste ab
> Auf denen sie saßen
> Und schrien sich
> Ihre Erfahrungen zu
> Wie man schneller sägen könne
> Und fuhren mit Krachen in die Tiefe
> Und die ihnen zusahen
> Schüttelten die Köpfe
> Beim Sägen
> Und sägten weiter".

Verstehe, deshalb nur der Versuch einer Entschuldigung.

Viele meinen euch daran erinnern zu sollen, dass ihr 15 bis 30-jährigen einer Generation angehörtet, die ganz oft von den Elternhäusern unterstützt worden sei, die

ausgezeichnete Bildungsvoraussetzungen vorgefunden
habe und in einem Europa des Friedens und der Freiheit
aufgewachsen sei …

Man könnte auch sagen, wir sind die die Generation, die in der
prägenden Jugendphase politische Erschütterungen kennen
gelernt hat wie den Terroranschlag in New York, die Wirt-
schaftskrise nach dem Zusammenbruch der Lehman Bank,
viele Umweltkatastrophen wie Stürme, Überschwemmung,
Waldbrände, Fukushima, den Klimawandel, Kriege und die
vielen Fluchtbewegungen …

Forscher bescheinigen der „Generation Y" wankelmütig
und entscheidungsunfähig zu sein.

Wie gut, dass wir erkannt haben, welche Weisheit in einer
modernen Gesellschaft unverzichtbar sein wird: flexibel zu
sein – in vielfacher Hinsicht. Wir wollen nicht aufgefressen
werden von der Arbeitswelt, wir wollen Zeit für uns und für
Beziehungen haben, kurz: die angemessene Vereinbarkeit von
Beruf und Familie finden.

Mir geht der Stoff für Entschuldigungen aus. Eure Generation, die nachfolgenden Generationen, sie sind ja keine
einheitliche Gruppe …

Genau. Und deshalb wäre es schon schön, wenn du einfach
mal mit auf eine F4F-Demo gehen würdest oder nach der
Demo mit uns sprechen würdest – eine Rückmeldung geben –
oder wenn du einfach mal bei einem Camp vor dem Rathaus
vorbei kämest und uns einen Kaffee bringen würdest …

Opa ist irritiert und in Versuchung, sich zu rechtfertigen. Aber er
schweigt.

Die einzig vernünftige Entscheidung von euch wäre, jetzt die
Notbremse zu ziehen. „Euch gehen die Entschuldigungen aus.
Und uns geht die Zeit aus," sagt Greta.

Enkel sind das Dessert des Lebens

Kapitel VII

Ausblick: Die Geschichte wird weitergehen – so oder so.

Wie lange unsere Standuhr noch schlagen wird, weiß niemand. Vielleicht wird ein Enkelkind sie als Erbe übernehmen. In jedem Fall braucht sie einen guten Platz. Sie muss aufgezogen und gepflegt werden. Ihre Lebensdauer wird überschaubar sein.

Seit einiger Zeit hat jemand eine besondere Form der Zeitmessung gefunden. Es ist ein Jahres-Kalender, der aus feinem Garn gewebt ist und – etwa 20 Zentimeter breit und über einen Meter lang – an der Wand hängt. Das Kalendarium – Monate und Tage und die Wochentags-Bezeichnungen – sind eingewebt. Am 1. Januar fängt man an, an dem letzten verwebten Faden zu ziehen. Der Faden wird immer länger und länger und langsam verschwindet der Montag, der 1. Januar des Jahres aus dem Kalender und wird zu einem Faden-Knäuel in der Hand. Der Tag und mit ihm die Ereignisse lösen sich auf. Es wird offensichtlich, dass der 1. Januar des Jahres jetzt vorbei ist, und es bleibt neben dem Faden in der Hand nur die Erinnerung.

Dieser Abwickel-Kalender ist ein Bild für das Vergehen der Zeit, das nicht aufzuhalten ist; egal, ob ich weiter abwickele oder nicht. Die Zeit vergeht so oder so, aber unsere Wahrnehmung verändert sich, weil unser Verständnis von Zeit auch von unserem Alter abhängt – also wie viel Geschichte(n) wir schon erlebt haben und wie viel Zeit mit uns vergangen ist.

Wenn ich mit einem Enkelkind an dem Abwickel-Kalender stehe, kann ich den Unterschied förmlich spüren: Der ungläubige Blick des Kindes auf das noch vor ihm liegende Jahr und mein Wissen über das, was kommt, weil es schon so oft so gekommen ist.

Darüber gerate ich erneut ins Nachdenken:
Wie haben sich die Verhältnisse auf der Welt verändert – die sozialen, die wirtschaftlichen, die politischen und die persönlichen – und wie verändern sie – die Verhältnisse – unsere Wahrnehmung der Zeit. Früher, in vornehmlich bäuerlich geprägten Gesellschaften, wurde die Wahrnehmung der Zeit von den Zyklen der Natur bestimmt. In der Sommer- bzw. Erntezeit schien die Zeit schneller zu vergehen als im Winter, wenn es lange und dunkle Abende ohne Feld-Arbeit gab. Heute, in Zeiten der Berufstätigkeit von Männern und Frauen, in einer getakteten Arbeitswelt und einem verdichteten gesellschaftlichen Leben, scheint es insgesamt viel schwerer zu sein, sich Zeit zu nehmen, zu lassen und zu genießen; kurz: Muße zuzulassen. Manchmal könnte man fast den Eindruck gewinnen, als seien die grauen Männer, die „Zeitdiebe" aus Momo von Michael Ende wieder aktiv. Vielleicht wollten sich die Gründer des Vereins „Zur Verkürzung der Zeit" gegen diese „Diebe" zur Wehr setzen, indem sie verabreden, sich der 24 Stunden am Tag, die jedem zustehen, zu vergewissern; sorgfältig zu trennen zwischen dem, was wichtig ist und dem, was nützlich ist, also Prioritäten zu setzen oder Not-To-do-Listen zu führen. Ähnlich könnten die Erfinder der „Slow-Uhr" gedacht haben. Diese Uhr hat nur einen einzigen Zeiger und erlaubt den Blick auf den gesamten Tag. Wie früher bei der Sonnenuhr werden mit einem Zeiger 24 Stunden abgebildet. Die Verdichtung der Arbeit und das immer kürzer getaktete gesellschaftliche Leben führten zur Teilung des Tages in zwei Hälften und die Zerlegung der Stunde in Minuten – und machten das sekundengenaue Messen der Zeit erforderlich. Aber letztlich bleibt die Zeit die Zeit. Ändern können wir nur den eigenen Umgang damit und unsere Wahrnehmung von ihr ...

Wie sieht unsere Zukunft aus? Das ist die wichtige Frage der jungen Leute heute. Aber genau vorhersagen kann das niemand. Dazu fällt mir ein Satz von Anne Weber ein: „Die Zukunft ist, zum Glück, meistens nur anwesend als nächster Augenblick." Auch Zukunftsforscher können allenfalls einige sehr wahrscheinliche Ausblicke geben. Beispielsweise auf eine Roboter-Frau; auf Autos, die fliegen; auf Arbeits-Roboter, die lästige Arbeiten übernehmen; und auf Menschen, die im Urlaub andere Planeten bereisen. Vor 110 Jahren hat sich ein Mann diese Frage nach der Zukunft gestellt – und für sich beantwortet und in einem Buch der Öffentlichkeit vorgestellt. Arthur Brehmer: „Die Welt in 100 Jahren". Fein sortiert nach wichtigen Bereichen wie Medizin oder Technik oder Krieg und Frieden haben er und andere Menschen ihre Vorstellungen und Visionen beschrieben. Nach etwas mehr als 100 Jahren ist dieses Buch noch einmal aufgelegt worden unter dem Aspekt „Die Zukunft von gestern". Wir sind jetzt in der seltenen Lage, diese Visionen auf ihren Realitätsgehalt überprüfen zu können. Ein Beispiel: Bertha von Suttner hat ein Kapitel über „Die moderne Friedensherrschaft und ihre historische Entwicklung" geschrieben. Sie stellte sich als Vision für 2010 eine „krieglose Zeit" vor.

Davon sind wir weit entfernt. In der Realität müssen wir uns eingestehen, dass die Zukunft offen ist. Selbst Zukunftsforscher zeigen deshalb immer mehrere Möglichkeiten auf – sie entwerfen also verschiedene „Zukünfte" für unsere Welt. Forschung über die Zukunft dient vor allem dazu, die Menschen zum Nachdenken zu bewegen. Wie wird sich das Klima weiter verändern? Welche Erfindungen werden unseren Alltag bestimmen? Wir auf der Erde müssen gemeinsam überlegen, wie unsere Welt in Zukunft aussehen soll und wie wir mit ihr umgehen wollen.

OPA, noch eine Frage: Was ist eine Wissenschafts-Erdichtung?
   Wie bitte?

Ich habe im Lexikon nachgeschaut: Science-Fiction ist …
> Wissenschafts-Erdichtung, das gefällt mir. Erdichtet ist ja etwas Ausgedachtes.

Ist das wie Gucken in die Zukunft?
> Ein bisschen schon. Etwas, was es heute gibt, wird weiterentwickelt, gewissermaßen in die Zukunft transportiert.

Muss das immer etwas mit Wissenschaft zu tun haben?
> Irgendwie schon.

Und wenn nicht?
> Dann könnte man von vielleicht von „Pulp Fiction" sprechen.

Das war doch mal ein Film …
> … für mich „Schundliteratur"

Und unsere Geschichte …
> … wird weitergehen …

So oder so.
> Genau, und mit dem Blick auf das Zukünftige beginnt „Fiction". Ich mache mir Sorgen um Eure Zukunft und wie ich finde aus gutem Grund. Gerade jetzt, wo es darum gehen sollte, das *Feuer* weiter zu geben und sich nicht der *Asche* zu widmen.

Perspektive der Alten: Sorgen über das Morgen.

Ich traue den Jungen zu, dass sie das schon schaffen werden; nein, das Wort „schaffen" ist mittlerweile zu belegt, fast ein bisschen verbrannt. Sie „machen" das schon. Aber dennoch mache ich mir Sorgen; vor allem dann, wenn ich an meine/ unsere Hinterlassenschaften an die nachfolgenden Generationen denke. Werden die Jungen diese Last bewältigen könnten? Und wenn ja, wie? „Mama, du machst dir immer so viel Sorgen …" – ein Satz, den die meisten Eltern kennen, wenn sie bei den Kinder anmahnten, nicht ohne Schal bei Winterwetter raus zu rennen oder das Radfahren verboten, weil das Licht am

Fahrrad immer noch defekt war oder oder oder. Ich konnte als Kind diese Sorgen nicht teilen, die Ermahnungen wenig ernst nehmen, musste meine eigenen Erfahrungen sammeln, um manchmal – schmerzlich – einzusehen, dass Mama (öfter als Papa) doch recht hatte. Jetzt bin ich selbst derjenige, der sich Sorgen macht um alles Mögliche. Besonders um das zukünftige Wohlergehen der Kinder und Enkel. Früher hieß das Leitmotiv der Eltern: „Unsere Kinder sollen es mal besser haben als wir". Heute heißt es: „Hoffentlich haben es unsere Kinder nicht wesentlich schlechter als wir"! Die Erinnerungen an diese Erfahrungen sollten mich auch daran erinnern, dass heute wie damals die jungen Generationen andere Wahrnehmungen und Einschätzungen haben als wir Alten; vielleicht sogar haben müssen, um sich entwickeln und wachsen zu können. Also gut, ich mache mir dennoch und gerade deswegen Sorgen um das Morgen.

Denn heute wird für Morgen entschieden. Die Entscheider heute sind meistens nicht diejenigen, die die vollen Folgen für das Morgen zu tragen haben. Das Verrückte: Es passiert heute, wir Alten sind verantwortlich, und ihr Jungen wisst noch nichts davon oder versteht es (noch) nicht oder dürft noch nicht wählen – werdet aber in jedem Fall die Folgen zu tragen haben.

Fürs Letzte verabschieden wir noch ein EU-Corona-Hilfspaket von 750 Milliarden Euro; die Darlehen mit der Maßgabe zur Rückzahlung bis 2058 (!).

Früher, also zu meiner Jugendzeit, lag das *Wahlalter* bei 21 Jahren. Es wurde immer argumentiert, dass man erst als Erwachsener seine Wahl-Stimme verantwortungsvoll abgeben könne. Dann wurde das Wahlrecht auf 18 Jahre fest gesetzt und auch das Volljährigkeits-Alter. Jetzt geht es um die 16-jährigen. Seit bald 50 Jahren wird darüber diskutiert. Sind Jugendliche in dem Alter „reif" zu wählen? In der Kommune dürfen sie mittlerweile ab 16 wählen. Bei Landtags- und Bundestagswahlen (immer) noch nicht. Gleichzeitig planen diejenigen, die die heutigen Generationen mit 16 Jahren noch nicht für „wahl-fähig" halten, die Strafmündigkeit zu verändern. Zur Zeit be-ginnt sie mit 14 Jahren, diese Altersgrenze soll demnächst für bestimmte Fälle deutlich reduziert werden. Wie passt das zu-sammen, könnt ihr mit Fug und Recht fragen.

Ich mache mir Sorgen um euch und die Demokratie, um eure Demokratie. Wenn ihr kein Verhältnis zur Demokratie findet, weil ihr nicht wählen dürft oder der Wahl keine Bedeutung beimesst oder den Parteien nicht traut oder denkt, dass die Lobbyisten die eigentlichen Macher in der Demokratie seien, dann leidet die Demokratie, vielleicht geht sie auch zugrunde. Denn eine lebendige Demokratie lebt vom Engagement ihrer Bürgerinnen. In meine Sorge habe ich noch gar nicht die offen-sichtlichen Feinde der Demokratie einbezogen.

Manche Sorge um die Zukunft der Demokratie ergibt sich auch daraus, dass – unabhängig vom Wahlalter – die Demokratie sich selbst entleert, weil die *Wahlbeteiligungen* immer mehr sin-ken. Theoretisch könnten Wahlen auch mit Wahlbeteiligun-gen weit unter 50 Prozent gültige Ergebnisse bringen. All diese Überlegungen lassen mich mit Sorge auf die Entwicklung der Demokratie schauen.

Einige Forscher beschreiben den Prozess einer schleichen-den Aushöhlung der Demokratie als ein Dahinsiechen, ein Sterben mit Wimmern. Das kann geschehen, wenn die Bürger-Innen ihr Interesse an der Demokratie verlieren und wichtige Einrichtungen der Demokratie wie die Freiheit der Presse und die Unabhängigkeit der Justiz untergraben werden. „Demo-kratie-Entleerung" nennt das der Bielefelder Konfliktforscher Wilhelm Heitmeyer.

Ich mache mir Sorgen, weil ihr Jungen die Demokratie für selbstverständlich haltet – sie war immer da und warum sollte sie eines Tages nicht mehr da sein? Forscher zeigen, dass eure Generation nicht weniger politisch ist als unsere, aber anders.

Ihr sagt, keine Sorge, das Netz wird zur heute wichtigen Demokratie-Plattform. Es wird der Ort, an dem gestritten und gerungen wird. Er würde das Parlament ja nicht ersetzen, sondern ergänzen. Die Möglichkeiten der Parteien würden durch das Netz erweitert. Menschen, die sich bisher nicht getraut hätten, sich zu Wort zu melden, hätten jetzt die Chance, sich zu äußern. All das würde die Demokratie stärken.

Ich bin da skeptisch. Denn für mich ist das Netz neu und erst vor gut 20 Jahren in mein Leben getreten. Es ist mir immer noch fremd. Ich nutze die Vorteile so gut es geht, schimpfe über jedes Missgeschick – ob von mir oder Technik zu verantworten – frage mich, wie das weiter gehen wird. Jedenfalls kann euer Optimismus mir nicht meine Sorgen nehmen.

Die werden noch von Edward Snowden befördert. Er meint, dass das Netz für uns brandgefährlich sei und wir noch nicht wüssten, was alles im Netz kontrolliert werden kann und schon kontrolliert wird. Aber das alles kann ich weder wirklich verstehen noch überprüfen. Ich muss es glauben. So wie den Merkel-Satz „Abhören unter Freunden geht gar nicht!" Ohne zu wissen, was daraus folgt oder gefolgt ist. Aber mehr Sorgen habe ich für diese Frage nicht übrig. Meine wirklichen Sorgen sind profaner: Ich fürchte, die Jungen könnten digital-süchtig werden. Kürzlich hörte ich wie ein Jugendlicher sagte, eine Zeit auf einer Hütte, auf der es keine Internetverbindung gebe, verhelfe ihm zu „digital Detox." Damit war wohl gemeint, dass das wie ein Kurz-Zeit-Entzug wirke.

Das ist noch nicht alles. „Handys und Tablets setzen die Intelligenz bei Kindern herab," habe ich gelesen.

OPA, jetzt gehst du aber entschieden zu weit.

Wieso, ich habe nur die Schlagzeile aus unserer Tageszeitung zitiert.

Das ist doch Quatsch.

Nun gut, wir sind beide keine Hirn-Forschungs-Experten.
Eben!

Dann lese ich dir mal vor, wie die Expertin aus Bielefeld ihre Meinung begründet: Kinder könnten nur analog lernen. Nur dadurch würden die Synapsen im Gehirn geformt, die für die raum-zeitliche Knüpfung von Nervennetzen nötig seien. Das „Oberstübchen" im Gehirn könne nicht ausreifen, wenn es zu früh und zu viel durch die Nutzung der digitalen Medien überfordert werde. Handys und Tablets hätten deswegen in den Schulen nichts zu suchen. Denn erst mit 18 bis 20 Jahren sei das Oberstübchen, das Stirnhirn, voll entwickelt.

Das Enkelkind schweigt und denkt nach – lange.

Opa, wenn das so stimmt, was ich mir nicht vorstellen kann, aber mal angenommen, warum habt ihr dann den „Digitalpakt für Schulen" überhaupt beschlossen? Haben die verantwortlichen Politiker das, was du mir grade vorgelesen hast, nicht verstanden? Werden wir dann bewusst für dumm verkauft, sind wir gar eine verlorene Generation?

Jetzt schweigt der Opa und blickt betreten zu Boden.

Wir bräuchten eine erneute Erfindung der Langsamkeit, in der Kinder beschaulich aufwachsen könnten.

Aber das ist ein Traum, weil der Zug längst in Richtung digitale Gesellschaft unterwegs ist.

Aber ein bisschen langweilig wäre das ohne Netz schon…

Früher, also in meiner Jugendzeit, wurde am Markt um die Erwachsenen geworben, wenn ein Produkt für Kinder gemacht bzw. erfunden worden war. Wir hatten zu wenig eigenes Taschengeld. Das ist heute anders. Ihr seid die Euro-Generation, also diejenigen, die keine D-Mark mehr gekannt haben, und über eine relevante Kaufkraft verfügen. Für die 6 bis 13-jährigen ist von fast 3 Milliarden Euro die Rede, die jährlich ausgegeben werden: ca. 1,7 Milliarden Euro Taschengeld und der andere Teil über Geldgeschenke aller Art.

Allerdings ist das Geld auch hier – wie in der gesamten Gesellschaft – sehr ungleich verteilt. Die Schere zwischen arm
und reich geht immer weiter auseinander, weltweit. Schauen
wir nach Deutschland, dann sieht der aktuelle Befund in etwa
so aus: Laut einer Studie verfügen 10 Prozent der deutschen
Haushalte über 52 Prozent des Nettovermögens. Weltweit besitzen die 62 reichsten Menschen der Welt genau so viel wie die
ärmere Hälfte der Weltbevölkerung. Auch die Einkommen sind
in Deutschland ungleich verteilt. Fast 17 Prozent der Haushalte gelten als „arm", d.h. sie haben weniger als 13 000 Euro
im Jahr zur Verfügung. Fast 8 Prozent der Haushalte gelten als
„sehr reich" und verfügen über ca. 63 000 Euro netto im Jahr.
Und dann gibt es noch Ungleichheiten zwischen den Menschen in den alten und in den neuen Bundesländern.

OPA, das war jetzt fast wie in der Schule.
    Etwas beleidigt: Klar, ihr wisst schon alles …
Nein, natürlich nicht. Aber so genau musst du uns das alles
nicht erzählen.
    Aber das sind doch wichtige Fakten.
Über die wir uns selber bei Wikipedia und anderswo informieren können. Es geht – anders als zu deiner Zeit – nichts
verloren, du musst die Zeitungs-Meldungen nicht mehr für
uns ausschneiden. Eigentlich könntest du deine zahlreichen
Zeitungs-Ausschnitt-Order wegwerfen …
    Um Gottes Willen, nein!
Eigentlich doch.
    Nach einer Pause und fast ärgerlich: Moment mal, jetzt liegt
    ein großes Missverständnis zwischen uns vor.
    Ich habe euch meine Geschichten und meine persönliche
    Sicht der Dinge erzählt. Die findet ihr nicht bei Wikipedia.
Opa, es geht doch nur um die Fakten.
    Es geht doch nur um die Fakten – und ihr meint, es gäbe
    „die" Fakten und die hätte Wikipedia alle für Euch
    gesammelt …

Opa, wir wissen, dass es „alternative Fakten" gibt …
… dass man Fakten auch „checken" muss …
… selbst wissenschaftliche Fakten falsch sein können
… seitdem müssen wir keinen Spinat mehr essen!
    Gut, gut, ich habe euch unterschätzt, Gott sei dank!

Aber all die Überlegungen umschreiben nur den Rahmen für meine Sorgen. Werdet ihr jungen die mangelnde Umweltverantwortung unserer Generationen ausgleichen können? Wie werdet ihr euch in diesem Rahmen bewegen können? Welchen Platz werdet ihr dort finden? Werdet ihr gesund sein bzw. ein gutes Gesundheits-System vorfinden? Werdet ihr mit eurer Ausbildung eine passende Stelle finden, in der ihr nicht nur euren Lebensunterhalt verdient, sondern auch eine sinnvolle, befriedigende Arbeit macht? Werdet ihr angesichts der Fortentwicklung der Roboter überhaupt noch Arbeit finden? Manche meinen gar, dass ihr jungen Menschen euch nicht mehr auf eine sichere Zukunft verlassen könntet, weil die eigenen Fähigkeiten, die Berufswahlentscheidung, die Frage Kinder oder nicht, männlich oder weiblich oder divers – das alles spiele bald keine große Rolle mehr. Die Sicherheit der Zukunft entscheide sich über das, was man erbt.

Dabei ist es freundlich von Euch, dass ihr auch auf gelingende Beispiele hinweist und nicht alle aus unserer Generation in einen Topf werfen möchtet. In einen Topf mit einem 94jährigen Journalisten, dem jetzt aufgefallen ist, dass wir sehenden Auges unsere Lebensgrundlage zerstören, zu Lasten der Enkel, und der – Jahrgang 1926 – deshalb fordert: „Denkt endlich an die Enkel. Eine Letzte Warnung bevor alles zu spät ist".

Denn es gibt auch gute Beispiele, die unsere Generation entlasten können, jedenfalls das Bemühen um Veränderungen belegen: An einem Abend im November 2019 nahm *Dirk Rossmann* an einer Talkshow teil und meldete sich mit einer Besonderheit zu Wort: Er sei jetzt 73 Jahre alt und glaubte, bisher Einiges für den Schutz des Klimas getan zu haben; z. B. sei klar, dass die Geburtenrate weltweit zu hoch sei und deshalb habe er sich u. a. für die Regulierung der Geburtenrate in Äthiopien eingesetzt. Dann sei ihm eines Tages ein Buch empfohlen worden. Als er das gelesen habe, sei er erschüttert gewesen. Es habe ihm bisher unbekannte Informationen erhalten und neue Möglichkeiten des Handelns eröffnet. Das Buch ist von dem Amerikaner *Jonathan Safran Foer* und heißt „Wir sind das Klima! Wie wir unseren Planeten schon beim Frühstück retten können." Nämlich durch Reduktion unseres Fleischkonsums. Wirkungsvoll sei schon, tierische Produkte nur einmal täglich zur Hauptmahlzeit einzunehmen. Würden alle Menschen in Deutschland an nur einem Tag auf Fleisch verzichten, würde das 75 Milliarden gefahrener Autokilometer entsprechen. Dirk Rossmann ist Inhaber der Drogeriekette Rossmann. Den Impuls, den er von diesem Buch bekommen hat, hat er entsprechend seinen Möglichkeiten weitergegeben: 25 000 Exemplare dieses Buches verschenkte er an Menschen, die ihm eine Mail schickten – ohne Gegenleistung – verbunden nur mit dem Wunsch, dieses Buch zu lesen, weiter zu geben und darüber zu sprechen. Vielleicht über die vier zentralen Handlungsmöglichkeiten, die mehrmals von Foer genannt werden. „Weniger Lebensmittel verschwenden, Mädchen Zugang zu Bildung verschaffen, Familienplanung ermöglichen und kollektiv zu einer überwiegend pflanzlichen Ernährung wechseln." Diese Veränderungen bewirkten weit mehr Positives als die Reduzierung von Treibhausgasen, meint Foer. Hier gilt es zu diskutieren, wie man die individuellen Handlungsmöglichkeiten mit strukturellen Veränderungen in ein produktives „Sowohl als auch" bringen kann. Das wird nicht einfach.

Nahrungsmittel auf ihre Klimatauglichkeit überprüfen und auf regelmäßigen Fleischkonsum verzichten, da mache er nicht mit, meinte ein Nachbar in einem Gespräch über „Wir sind das Klima". Wenn man sich an diese Vorgaben halte, würde man seine C02 Bilanz verbessern – das könne ja sein, aber er mache da nicht mit, Klima hin oder her. Da käme ihm ja jedweder Genuss abhanden.

Wer von uns 2050 noch mit seinen Enkeln oder Urenkeln zusammen sitzen kann und gefragt wird: Opa, wieso habt ihr die ganze Welt aufgegessen? Der wird kaum antworten wollen: Weil es so lecker war!

Wir Alten haben unser Bemühen um Veränderung meistens in Absichtserklärungen für die Zukunft verpackt – sei es beim Klimawandel, der Glaubwürdigkeit der Europäischen Union oder der Ernsthaftigkeit zum Frieden beizutragen. Ihr jungen werdet bald merken, wie ernst wir es mit unseren „guten" Absichten gemeint haben. Werdet ihr Jungen, ich denke besonders an F4F, durchhalten, einen langen Atem haben und erkennen, dass die Gefahr des Wettrüstens nur in den Hintergrund gerückt, aber nicht verschwunden ist, dass aber beides zusammen gedacht werden sollte? So wie die „Weltuntergangs-Uhr" nicht nur auf das atomare Risiko hinweist, sondern auch auf die Gefahren durch den Klimawandel. Auf dieser Uhr war es 1947, als sie aufgestellt wurde, 7 Minuten vor zwölf. Jetzt ist es 100 Sekunden vor zwölf. Deshalb ist schon vorgeschlagen worden, auf der nächsten F4F-Demonstration auch Schilder gegen das Wettrüsten mit zu bringen. „In 50 Jahren ist alles vorbei" hieß es in einem alten Schlager; jedenfalls kann sich in 50 Jahren – das kann ich rückblickend bestätigen – viel verändern und relativieren. Gleichwohl geht es immer noch um dieselben Fragestellungen: „Was treibt die Gesellschaft auseinander" und „Was hält die Gesellschaft zusammen"? Die Bestandsaufnahmen, die der Bielefelder Konfliktforscher Wilhelm Heitmeyer am Ende des vorigen Jahrhunderts herausgegeben hat, scheinen immer noch – vielleicht mehr als damals – gültig: Ist die Bundesrepublik Deutschland auf dem Weg von einer Konsens- zur Konfliktgesellschaft? Wie wird dieser Weg mit

Blick in die Zukunft ausfallen? Wie wird die Welt für euch
junge Generationen in den nächsten 50 Jahren aussehen? Zum
Beispiel im Jahr:

2028 Greta Thunberg wird 25 und UN-Botschafterin für die
Einhaltung der Klimaziele. Fridays für Future feiert das
10 jährige Bestehen.

2030 Sollen die Maßnahmen des Klimaschutzpakets von
2019 dafür gesorgt haben, dass 55 Prozent weniger CO2
ausgestoßen wird – gemessen an den Zahlen von 1990.

2036 Wird die Reaktorkatastrophe von Tschernobyl 50 Jahre
her sein; der neu errichtete Sarkophag wird voraussicht-
lich noch 80 Jahre halten und dann? Wird es jemals ein
weltweites, verlässliches Endlager geben? Die Suche in
Deutschland steht kurz vor dem Abschluss? Oder vielleicht vor einem letztinstanzlichen Urteil?

2038 Geplanter vollständiger Kohleausstieg, vor allem aus
der Braun-Kohle. Das war der mühsam ausgehandelte
Kompromiss der Kohle-Kommission. Eigentlich wissen
alle, dass der Kohleausstieg sofort hätte stattfinden müssen,
wenn er dem Klima helfen soll. Auf der anderen Seite
stehen die Menschen, die damit ihren Arbeitsplatz verlieren. Wie wird es zu einem fairen Ausgleich gekommen sein?

2040 Nach dem Wunsch-Szenario „Nachhaltige zivile Sicherheit"
der „Kampagne „Sicherheit neu denken", die seit 2018
dafür arbeitet, findet in diesem Jahr die vollständige
Konversion der Bundeswehr statt. Das Bundesministerium für Verteidigung wird zum Ministerium für Zivile
Krisenprävention.

2042 Wird die DFG-VK 150 Jahre alt sein und wie sieht der
Friede aus? Bleibt es bei über 80 Milliarden Euro für den
Militärhaushalt oder gibt es eine „Zivile Sicherheitspolitik"?

2045 Wird man sich an das Ende des Zweiten Weltkrieges
vor 100 Jahren erinnern und an die Bombenabwürfe auf
Hiroshima und Nagasaki? Ohne noch lebende Zeitzeugen!

2048 Die AEMR wird 100 Jahre. Wie steht es um die
universellen Menschenrechte in der Welt?

2049 „Blade Runner", Ridley Scotts Science-Fiction
Klassiker von 1982, beschreibt Umweltzerstörung, Über-
bevölkerung, den Zusammenbruch des gesellschaftlichen
Miteinanders sowie die totale Kontrolle durch Konzerne
als seine Zukunfts-Visionen für den November 2019. Der
ist jetzt vorüber und es gibt eine seltene Gelegenheit, Fik-
tion und Realität miteinander abzugleichen, um heraus-
zufinden, ob sich Befürchtungen oder Hoffnungen erfüllt
haben. 2017 entstand mit (fast) dem selben Team der Film
„Blade Runner 2049", der sich mit der Frage beschäftigt,
was den Menschen eigentlich von den Maschinen unterscheidet. In der realen Welt wird das GG 100 – wenn es
noch gilt – und wie wird die Demokratie aussehen?

2050 Der Klimapakt der EU – damals „Green Deal"
genannt – hatte versprochen, dass die EU als erster Konti-
nent CO_2-frei sein werde. Was ist daraus geworden?

2067 Vor 50 Jahren erhielt die „Internationale Kampagne
zur Abschaffung von Atomwaffen" (ICAN) den Friedensnobelpreis. Sie lenke die Aufmerksamkeit auf die
katastrophalen humanitären Konsequenzen jeglichen
Einsatzes von Atomwaffen, hieß es in der Begründung.
Stand der aktuellen Abrüstungs-Bemühungen? Abrüs-
tung, wie geht das?

2069 50 Jahre nach der ersten Auflage von „Wir sind das Klima"
von Safran Foer erscheint die 49. Auflage mit einem Update
der neusten Zahlen zur Rettung der Erde. Auf eine Passage
aus der 1. Auflage wird besonders hingewiesen. Darin
hieß es: „Selbst wenn die Menschen die Erderwärmung
überleben, wird die nächste sprichwörtliche Sintflut
unsere kurze Herrschaft über diesen Planeten fast mit
Sicherheit beenden. Es könnte ein tödlicher Virus (...) sein."

Sorgen hin, Sorgen her. „Wir riskieren gerade alles", sagt die
Bundeskanzlerin Angela Merkel in ihrer letzten Generaldebatte

im Bundestag. Mit einem sehr emotionalen Appell forderte Merkel die Bevölkerung zum Durchhalten in der Corona-Krise auf. „Geben wir alle als Bürgerinnen und Bürger dieser Gesellschaft wieder mehr aufeinander acht", sagte sie. Sie erlebe derzeit, dass die Vorsicht der Menschen nachlasse. Die steigenden Infektionszahlen seien ein Zeichen dafür, dass die Pandemie noch lange nicht vorbei sei, und die Langzeitfolgen besonders für die Jungen noch nicht absehbar.

Dabei mag man sich nicht ausmalen wollen, wie die Zukunft *Für Sama* aussehen wird und aussehen könnte.

Plötzlich entwickelt sich vor meinen Augen eine Vision, ein ganz starker Wunsch, eine Sehnsucht. Ich versetze mich in das Jahr 2036. Die Reaktorkatastrophe von Tschernobyl ist 50 Jahre her. Ich sitze mit dem Enkelkind zusammen, das schon Vater bzw. Mutter geworden ist. Dann bin ich der Ur-Opa. „Ich habe da noch was für Dich", sage ich und überreiche ein kleines Geschenk. Mein Ur-Enkelkind packt mit gespielter Gelassenheit das Päckchen aus und ruft dann etwas amüsiert: „Wow, Ur-Opa, ein Buch, ein richtiges Buch!" und hält es an seine Nase und riecht. „Es riecht nach Buch, nach echtem Papier." Dann blättert er oder sie das Buch auf und liest: „Enkel sind das Dessert des Lebens. Gespräche zwischen den Generationen: Opa-Enkel-Dialoge". Das geht ja über mich, nein, über uns alle, über alle Enkelkinder – nein: über Mama und Papa! Dann legt er oder sie das Buch beiseite und setzt sich neben mich und fragt und ich antworte, und ich frage und er oder sie antwortet ... Von einer ähnlichen Sehnsucht erzählt das wunderbare Buch „Die Ritter des Möhrenbreis – Geschichten von Vater und Sohn", von Björn Süfke, der zur Generation meiner Kinder gehört. Dort lautet der letzte Satz: „Ich weiß, man hat keinen Wunsch frei, auch nicht einen einzigen. Aber vielleicht ist es trotzdem gut, einen zu haben." Stimmt. Besonders im Alter. Als Ur-Opa.

Perspektive der Jungen: Lasst mal – Wir machen das schon!

„How dare you …", würde Greta Thunberg jetzt sagen. Wie könnt ihr es wagen, euch Sorgen um unser Wohlergehen zu machen, nachdem ihr jahrelang unser Wohlergehen und das der Erde ignoriert habt. Opa, ich bin jetzt bald 16 Jahre alt und kann schon ganz gut einschätzen, was uns bevorstehen wird. Ich fang mal mit der Wissenschaft an: Wir haben in der Schule „Grenzen des Wachstums – Das 30-Jahre-Update" gelesen, das 2006 erschienen ist. Im ersten Bericht des *Club of Rome* 1972 wurde die bereits erkennbare Zerstörung der Umwelt als ein frühes Signal gedeutet, das auf Spannungen hinwies, die aus Bevölkerungswachstum und Industrialisierung auf einem endlichen Planeten resultierten. Auch jetzt, bald 50 Jahre später, könne das große Ziel nur heißen, zu einem „friedvollen, fairen und nachhaltigen Wandel in einer globalen Gesellschaft" zu gelangen.

Ihr seid mit diesem Wissen groß geworden. Was habt ihr aus diesem Wissen gemacht? Ihr sollt endlich die Klima-Krise als Krise behandeln. „Wenn euer Haus in Flammen steht," hat Greta kürzlich gesagt, „setzt ihr euch auch nicht hin und redet darüber, wie schön ihr es wieder aufbauen könnt, wenn ihr das Feuer erst einmal gelöscht habt."

Wer, wenn nicht wir soll jetzt die Feuerwehr rufen und die Löscharbeiten koordinieren? Wir, die jungen Menschen zwischen 15 und 24 Jahre, sind etwa 10 Prozent der Gesamtbevölkerung und die Mehrheit der Zukunft. Wer, wenn nicht wir! Ihr erinnert euch doch noch: Das war Euer Lied: Rio Reiser 1987: *Wann, wenn nicht jetzt: Wo, wenn nicht hier. Wie, wenn ohne Liebe. Wer, wenn nicht jetzt.*

Habt ihr das nicht gesungen in der Friedensbewegung, z. B. auf den Demos gegen den NATO-Doppelbeschluss? Jetzt drängt die Zeit und wir haben nicht mehr so viel Zeit wie ihr hattet. Deshalb sagen wir: *Wann, wenn nicht jetzt!*

Ihr haltet – jedenfalls einige von euch – eure Enkel für das Dessert des Lebens. Nett gesagt. Aber damit ist ja wohl euer Leben gemeint und nicht das unsrige. Wir sind nämlich gerade erst mit der Hauptmahlzeit angefangen. Deshalb rebellieren wir gegen das Aussterben – deshalb gibt es *Extinction Rebellion*, XR, mit einer leicht verständlichen Programmatik: Die Regierung jedes Landes wird aufgefordert, die Wahrheit über die Klimakrise zu sagen, jetzt zu handeln und Politik neu zu leben. Anders als bei *FridaysForFuture* (F4F) will XR Menschen, die schon eine politische Motivation haben, zum Tun motivieren. Als dezentrale Protestbewegung in Groß-Britannien entstanden, hat sie sich dem Prinzip des organisierten zivilen Widerstands mit möglichst großen Menschen-Mengen verschrieben. Mahatma Gandhi könnte seine Freude haben an deren heutigen Aktions-Formen – gerade an seinem 150. Todestag – wenn er von der Idee eines „Gesellschaftsvertrages" hörte, einer Vereinbarung zwischen dem Staat und der einzelnen BürgerIn.

Darin geht es um die grundlegenden gegenseitigen Verpflichtungen zum Erhalt der Gesellschaft. Der Staat hat die Verpflichtung, für den Bürger zu sorgen – auf der Grundlage des Grundgesetzes und unter wirklicher Wahrung aller Menschen-Rechte. Die BürgerIn verpflichtet sich, die Gesetze einzuhalten (solange sie nachvollziehbar und gerecht sind), Steuern zu zahlen und ihre Verantwortung gegenüber den MitbürgerInnen ernsthaft wahr zu nehmen. Das sind Rechtsstaat-Fragen. Wir vertrauen auf die Weisheit des Bundesverfassungsgerichts.

Wir machen unsere Rechte jetzt geltend. Wir müssen nicht abwarten, bis wir volljährig sind oder einen Beruf erlernt haben oder eine eigene Familie gründen konnten. Denn wir werden von den Folgen betroffen sein und zwar intensiver und länger als ihr. Das habt ihr uns doch mit euren „Sorgen" schon vorgerechnet: 2036, wenn die Reaktor-Katastrophe von Tschernobyl gerade mal 50 Jahre her sein wird, sind die meisten von uns die sogenannte mittlere Generation (nach FDP-Diktion die Leistungsträger der Gesellschaft). Also: *Wir, wer sonst!*

Wir müssen die Wende – nein: die Wenden – vollziehen, die ihr angekündigt habt: Wie die CO2-Neutralität, die ihr nur sehr halbherzig angepackt habt. Wie die Klimawende. Wie eine wirkliche Verkehrswende, die ihr vermeidet wie der Teufel das Weihwasser. Ebenso wie eine strukturelle Agrarwende. Und schließlich die Wende, die besonders viel Mut und Kreativität erfordert, nämlich eine Wohn-Bau-Wende in Verbindung mit einem wirklichen nachhaltigen Produzieren von Gütern im Sinne von „Cradle to Cradle" (von der Wiege zur Wiege). Und das alles jetzt, weil es bald zu spät sein wird!

„Ihr habt keinen Plan. Darum machen wir einen." Der Jugendrat der Generationen Stiftung nennt 10 Bedingungen für die Rettung unserer Zukunft – vom Klima über Soziale Gerechtigkeit und Menschenrechte bis zur Gestaltung der digitalen Welt. Allein unter der Bedingung „Klima retten und Ökozid verhindern" gibt es 17 (!) ganz konkrete Forderungen. Damit soll euch ein Spiegel vorgehalten werden, euch von der Generation „not gonna happen", also „Das geht nicht", was eigentlich heißt „Wir wollen nicht!"

Moment mal, das finde ich jetzt aber unfair.
Unfair, weil wir so lange die Klappe gehalten haben?
Unfair, weil ihr einfach wichtige Fakten unterschlagt.
Bitte, wir hören.
2014 hat der Minister Gerd Müller vom Bundesministerium für wirtschaftliche Zusammenarbeit und Entwicklung eine „Zukunftscharta" vorgestellt. „EINE WELT – unsere Verantwortung." Unter breiter Beteiligung der Öffentlichkeit ist eine Nachhaltigkeits-Strategie für Deutschland entstanden. Getragen von allen, wirklich allen namhaften Nicht-Regierungsorganisationen ...

... und dem BDI, Bundesverband der Deutschen Industrie.

Na, na kein besonders starkes Argument. Vielmehr gibt es acht Handlungsfelder von der Bewahrung der natürlichen Lebensgrundlagen, über Menschrechte, Kulturelle Vielfalt bis zu dem Ziel, „Wirtschaftswachstum mit Nachhaltigkeit und menschenwürdiger Beschäftigung" zu verbinden.

Bravo, erst vereint ihr alle Gegensätze in EINER WELT, um dann in den Zukunftszielen wieder vor allem Absichten und gute Worte mit netten Bildern zu verbinden.

Es scheint, ihr habt euch informiert. Allerdings gehen die 17 UN-Ziele Nachhaltiger Entwicklung, die weltweiten „Sustainable Development Goals", auch von einer nicht unterteilten Welt aus.

Stimmt.

Darüber hinaus will die Zukunftscharta ein „Referenz-Dokument" sein, an dem sich das BMZ mit einer jähr-lichen Bilanz messen lassen will.

Was kann man dagegen haben? Man kann mitwirken! „Zukunftscharta on tour" 2015/2016 war das letzte was wir im Netz dazu gefunden haben. Jährliche Bilanz?

Die wesentlichen Bedingungen für die Rettung unserer Zu-kunft sind leicht zu merken, denn wir nehmen eure Forde-rung nach Nachhaltiger Entwicklung wörtlich und ernst. Fangen wir bei der *Ökonomie* an. Wir müssen weg vom Wachs-tum. Auf einer an Ressourcen endlichen Erde kann es kein un-endliches Wachstum geben. Deshalb heißt die Forderung: *Degrowth*, auf deutsch: *Postwachstumsgesellschaft*. Das ist we-niger als die Abschaffung des Kapitalismus, aber genau so wirksam und sollte zu einer Gemeinwohl-Ökonomie führen. Wir sind ohne Zinsen groß geworden und denken daher über Geldanlagen anders als ihr, die ihr mit dem Weltspartag am 31. Oktober aufgewachsen seid. Wir suchen nach einem „Ge-genangebot an positiven Zukunftsaussichten" – auch für uns als Konsumenten.

Wir sind „Possibilisten", d. h. Ermöglicher, also diejenigen, die das Mögliche tun und die ihre Möglichkeiten nutzen wollen und können – man kann uns auch Lebenskünstler nennen.

Und wir sind nicht technikfeindlich Wir vertrauen auf neue Techniken. Unsere Enkel werden im „Hyperloop" auf völlig neuartige Weise reisen: Eine Kapsel fährt mittels Magnetkraft durch Vakuum-Röhren mit 1000 km/h durch Europa. Irgendwann wird es auch in Europa ein CAHSR (California High Speed Railsystem) wie in Kalifornien geben: Städteverbindungen mit einem modernen Hochgeschwindigkeitszug. Wir vertrauen auf solche Entwicklungen – aber wir werden uns nicht in ihre Hand begeben.

In der *Ökologie* folgen wir nur dem, was die Mehrheit der Wissenschaftler seit Jahren schreibt und sagt und fordert:

Nehmen wir nur aktuell den neuen „Weltenergie-Bericht" von 2019: Seit 1919 ist die Weltbevölkerung von unter 1 Milliarde auf über 7 Milliarden angewachsen. Der Energie-Verbrauch ist aber um das 10 fache gestiegen. Das Ansteigen des CO_2-Emissionen hat vor allem zwei Gründe: Die Verbrennung fossiler Energieträger wie Kohle, Erdöl und Erdgas und die steigende Anzahl von SUVs. Zur Zeit sind weltweit mehr als 200 Millionen dieses Typs auf den Straßen unterwegs, aber nur knapp 5 Millionen Elektroautos. Im übrigen ist gerade eine von uns – den F4F Organisationen – in Auftrag gegebene Machbarkeitsstudie veröffentlich worden. Sie zeigt, die Pariser Klimaschutzziel einzuhalten wäre möglich, wenn „die Politik" jetzt effektive Klimaschutzmaßnahmen beschließen und umsetzen würde.

Die entsprechenden Klimaschutzmaßnahmen, die jeder einzelne von uns umsetzen kann, ergeben sich daraus fast wie von selbst: Ideal wäre ein Speiseplan, wie ihn eine Forschungskommission Anfang des Jahres empfohlen hat: Im Schnitt gäbe es maximal 100 Gramm Rindfleisch oder Schweinefleisch und 1,75 Liter Milch pro Woche für jeden, als Ausgleich Getreide, Hülsenfrüchte, Gemüse oder Erdnüsse. Jeder ist Konsu-

ment und kann etwas zu einem gerechten/gerechteren Handel
beitragen. Seit langer Zeit profitieren wir in Europa durch die
wirtschaftliche Ausbeutung armer Länder. Ein gerechter Handel ist möglich, schreiben Gerd und Katharina Nickoleit in
ihrem Buch *Fair for Future*. Fangen wir mit unserem eigenen
Verhalten an: faire Produkte zu fairen Preisen statt billig, billig,
billig. In der Tat sind dies noch Zukunftsvisionen. Der Weg zur
Verwirklichung solcher Visionen wird nur gelingen, wenn wir
das gesellschaftliche Miteinander verändern: Dazu gehört die
Entwicklung von „Share-Society", also von Gemeinschaften, in
denen das Tauschen von Zeit, Dienstleistungen und Material
selbstverständlich wird. Auch den gesamtgesellschaftlichen
Rahmen müssen wir ändern – also die Forderung „Mehr Demokratie wagen" wirklich ernst nehmen. Also mehr Bürgerräte,
mehr Transparenz bei Entscheidungen und mehr Mitbestimmung von Kindern und Jugendlichen. Der 1. Internationale
Gipfel für kinderfreundliche Städte ist ein erster, guter Anfang.

Da müsste es bei Euch eigentlich in den Ohren klingen:
1969 hat euer Willy Brandt das gefordert. Zu Recht! Aber mit
welchem Ergebnis? Im übrigen werdet ihr die letzten gewesen
sein, die eine intakte Eisdecke im Sommer in der Arktis sehen
konnten. Wir erleben vielleicht noch etwas Eis. Unsere Kinder
werden die Arktis nicht mehr kennenlernen können.

Im übrigen: Gut, dass du bei den Ereignissen, die wir in den
nächsten 50 Jahren erleben werden, 2034 nicht erwähnt hast.
    2034?
Ja, vier Jahre vor dem geplanten Kohleausstieg.
    Was soll da sein?
Ökozid.
    Den begehen wir ja schön seit Längerem.
Eben.
    Und 2034?
Wird vor dem Internationalen Strafgerichtshof ein Verfahren
gegen die Bundesrepublik Deutschland verhandelt …

Davon weiß ich nichts, das kann nicht sein ...

... angestrengt von 31 Staaten, die durch den Klimawandel besonders betroffen sind und insbesondere Deutschland eine Mitverantwortung zuschreiben ...

Das glaube ich nicht.

... und 60 Milliarden US-Dollar Entschädigung fordern.

Das habt ihr euch jetzt ausgedacht!

Stimmt. Guter Film. „Ökozid" von Andres Veiel zum Thema „Wie wollen wir leben." Kannst du noch in der ARD-Mediathek sehen.

Das ist irgendwie an mir vorbei gegangen. *Opa blickt nachdenklich und schweigt beschämt.*

Im *Sozialen* werden wir sehr darauf achten, dass das Bildungssystem nicht nur ernsthaft verbessert und ausgebaut wird, sondern dass es auch mit den technischen Entwicklungen Schritt halten kann. Es geht nicht nur um die Ausstattung der Bildungseinrichtungen mit moderner, digitaler Technik. Sondern es geht vor allem darum zu lernen, diese Technik zu verstehen und hinterfragen zu können. Sonst könnte es passieren, dass wir nur das lernen, was Künstliche Intelligenz demnächst genauso gut – wenn nicht besser – machen kann. Es gilt also gerade das zu lernen, was KI nicht oder nicht in dem Maße können wird: Empathie, Kreativität, und Solidarität.

Schließlich werden wir alles tun, um mittel- und langfristig die bisher propagierte militärische Sicherheitspolitik in eine zivile Sicherheitspolitik zu überführen. Es liegt bereits ein Szenario bis zum Jahr 2040 vor: „Zivile Sicherheitspolitik – Sicherheit neu denken. Von der militärischen zur zivilen Sicherheitspolitik." Damit kann man gut arbeiten. Zumal es wissenschaftliche Studien gibt, die eine klare Überlegenheit ziviler Konfliktbearbeitung gegenüber der herkömmlichen, militärgestützten belegen können. Militärische Interventionen kommen immer zu spät, sie können die Menschen nicht

nachhaltig schützen und führen zu neuem Leid. Nach Kriegen
sind die meisten Menschen einer Meinung „Nie wieder Krieg".
Leider vergessen sie das auch schnell wieder. Durch eine Politik der Gewaltvorbeugung Gewaltverhältnisse austrocknen;
den Geist der Gewaltfreiheit als eine unersetzliche Quelle der
Inspiration für politische, soziale und wirtschaftliche Pro-
gramme, die wahrhaft der Förderung des Friedens dienen,
verbreiten. Gewaltfreiheit – von der Ebene des lokalen Alltags
bis zur Ebene der Weltordnung – soll der kennzeichnende Stil
unserer Entscheidungen, unseres Handelns und der Politik
in allen ihren Formen werden. Wir bauen auf die Arbeit der
schon jetzt aktiven vielen kleinen und mittelgroßen NGOs,
die – jede auf ihre Weise – für diese Ziele bereits seit Jahren
kämpfen. Von „ausgestrahlt" bis „Ohne Rüstung leben", von
„Digitalcourage" bis „Connection – KDV im Krieg", von „Mehr
Demokratie wagen" bis „Urgewald" und fairPla.net.

Zusammengefasst: Wir brauchen keinen Masterplan für Veränderungen aller Verhältnisse, der eigentlich einen neuen Menschen voraussetzt. Wir setzten auf „Best-Practice-Beispiele";
auf Veränderungen, die man an einer Stelle praktiziert hat
und relativ unkompliziert übernehmen kann. Wenn das an
sehr vielen Stellen möglicherweise auch zu unterschiedlichen
Zeiten passiert, bilden sich Muster von Veränderungen und
irgendwann leben wir wirklich in neuen Verhältnissen. Wir
haben ehrlich gesagt „die Schnauze voll".
   Moment mal, was meint ihr denn damit?
Opa, das war ein Zitat!
   Das ist ein vulgärer Spruch und kein Zitat.
Jeremy Deller ...
   ... wer?
Ein Künstler aus Groß-Britannien. Der hat in diesem Jahr
– dem Beethoven-Jahr, seinen 250. Geburtstag – mit dem
Beethoven Orchester Bonn und Schulkindern aus der Region
einen Film gedreht.

Ja und weiter, jetzt macht ihr es aber spannend.

Während das Orchester den zweiten Satz aus Beethovens
7. Sinfonie probt, stürmen 40 Kinder in den Raum und tanzen
um die MusikerInnen herum, lachen und turnen.

Ich versteh nicht, was ...

Die Kinder werden von der Kamera danach zu einer F4F-
Demo begleitet; auf einem der Schilder steht: „Wir haben die
Schnautze voll!" So heißt auch der Film. Ohne t.

Und was hat Beethoven mit Klimaschutz zu tun?

Deller sagt, er wolle Beethoven aus der Vereinnahmung durch
Werbung und Politik befreien und den richtigen, nicht elitä-
ren Beethoven „herauskitzeln". Denn dem ginge es um ganz
gegenwärtige Themen wie Natur, Demokratie, Menschheit
oder Freiheit. Wie uns auch. Alles klar, Opa?

Wir können uns auch höflicher ausdrücken: Wir sind „positiv
dagegen". Unsere Generation hat ein anderes Verhältnis zu allem
Digitalen als ihr Alten. Nicht nur das, sondern wir haben auch
ein anderes Sensorium, mehr Wahrnehmungsfähigkeit für das,
was im Netz passiert, kurz: mehr Differenzierungskompetenz.
Vielleicht sind deshalb eure Worte und Vorschläge die des
20. Jahrhunderts und nicht mehr passend für das 21. Jahrhundert. Vielleicht solltet Ihr auf die Fähigkeiten der Generation
des 21. Jahrhunderts vertrauen. Eure Hinterlassenschaft, das
www, wissen wir sehr zu schätzen. Es wird kein Leben mehr
ohne das www geben. Ihr seid die letzten, die ohne Netz überleben konnten. Wir wissen auch um die Spannung zwischen
dem schwachen Nutzer und dem starken Netz. Was wir lernen
müssen ist, uns Verzicht anzugewöhnen und das rechte Maß zu
finden; immer daran zu denken, dass wir nicht in eine schlei-
chende Abhängigkeit vom Netz geraten dürfen – weder indivi-
duell noch strukturell; dass wir die BestimmerInnen bleiben
und sicher sein können, jederzeit den Stecker ziehen zu dürfen.
Wir werden Google und Co. zerschlagen. Mittlerweile gibt
es schon namhafte Leute, die das auch wollen und für möglich

halten. Denn Google, Facebook, Amazon und Co. behindern nicht nur den Wettbewerb, sondern sie übervorteilen auch uns VerbraucherInnen und letztlich steht die Unabhängigkeit der öffentlichen Meinung in unserer Demokratie auf dem Spiel. Wir wollen Vielfalt statt Monokultur.

Ach übrigens: Euer Geschiss um die Mondlandung – „Ein kleiner Schritt für Neil Armstrong, aber ein großer für die Menschheit" – ist für dieses Ereignis völlig unpassend. Diese Überschrift gebührte der Erfindung des Netzes – die im gleichen Jahr wie die erste Mondlandung stattfand.

Bei allem Respekt, da möchte ich aber doch noch einmal einhaken. Ist das nicht etwas tollkühn, was ihr da …

Opa, keineswegs. Unseres Wissens war seit über 50 Jahren niemand mehr auf dem Mond.

Na und?

Aber mittlerweile sind Milliarden Menschen weltweit im Netz.

So! oder So?

Und die Geschichte wird weitergehen. So oder so. An dem *Weitergehen* gibt es keinen Zweifel. Trotzdem bleibt noch etwas offen. In dem so oder so steckt eine Portion Ungewissheit. Weitergehen ja, aber *So Ausrufezeichen!* oder *So Fragezeichen?* Hinter dieser Ungewissheit verbirgt sich Neugier: Welches So wird sich durchsetzen? Es wäre spannend zu erleben, wie es weitergeht. Die Alten werden mit einem gerüttelt Maß an Ungewissheit aus dem Leben gehen. Die Jungen können gespannt sein auf das, was kommen wird. So oder So. So! oder So? Das Besondere: jedes So wird anders sein, als wir es kannten. Die Corona-Pandemie hinterlässt ihre Spuren. Zurück zur Normalität? Welche Normalität? Sie wird in Vielem anders sein als vor der Pandemie.

OPA, das hast du alles aber schön gesagt.

Warum schreibt Oma eigentlich kein Enkelbuch?

> Fragt sie!

Ich glaube, da käme mehr Mode vor ...

Und mehr Musik.

Genau, alles wäre persönlicher!

> Persönlicher? na, na, na!

Ich meine, es ginge mehr um den Alltag, um das Erleben und Fühlen, um Essen und Kochen, um Garten und ...

> Wo kommt ihr denn auf einmal wieder her?

Wir wollten dir nur noch Tschüss sagen, und wie schade es ist, dass unsere Gespräche jetzt zu Ende sein werden.

OPA, noch eine letzte Frage: Du hast so oft gesagt *Für Sama*, was meintest du damit?

Wer ist Sama?

Was soll für sie geschehen?

War das ein Rätsel für uns?

> Auf die Frage habe ich schon lange gewartet. *Für Sama* ist ein Kino-Film von 2019; man könnte sagen, ein Liebesbrief der Regisseurin Waad al-Kateab aus Syrien an ihre Tochter Sama, was soviel heißt wie „Himmel". Über einen Zeitraum von fünf Jahren begleitet sie mit der Kamera ihr Leben im aufständischen Aleppo während des Bürgerkrieges in Syrien. Eine Liebeserklärung an ihre Tochter und an alle Kinder; insgesamt ein Dokument der Erinnerung, ein Beispiel für Zuversicht und ein Appell gegen Krieg ...

Die Enkelkinder schweigen betreten.

OPA, trotzdem, irgendwann muss ja mal Schluss sein.

> Du sprichst schon wie ein Erwachsener.

Einerseits freue ich mich darauf.

> Auf das Erwachsen-Werden?

Ja, dann kann ich selbst entscheiden ...

... und alles besser machen als Deine Eltern und ...
... jedenfalls anders.

Hast Du eine Idee?

Ja, ich werde mit meiner Zeit anders umgehen und ...

Apropos: Haben wir noch Zeit für ein Eis? Ich schulde Dir
noch eins – nicht in der Waffel, sondern im Becher.

Ich nehme einen Himbeer-Schoko-Vanille-Joghurt-Nuss-
Becher mit Sahne.

*Dieses Enkel-Kind ist schon auf dem Weg zur Eisdiele, während der
Opa in Gedanken vor sich hinstarrt und zu sich selbst spricht:*

„Das in-der-Welt-Sein
Lässt sich womit vergleichen?
Als sei im Frühlicht
Ein Boot hinaus gerudert
Das keine Spur zurück lässt."

Mein Lieblings-Tanka aus China. Das ist wohl das, was
bleibt. So sahen das Menschen schon vor über 1300 Jahren.

Opa, wo bleibst Du?

Ich komme ja schon, ein alter Mann ist doch kein D-Zug ...

Von weit her: Denk an deine Maske ...

Zeitfracht Medien GmbH
Ferdinand-Jühlke-Straße 7
99095 Erfurt, Deutschland
produktsicherheit@kolibri360.de